N. N.

Reise nach Russland

Seiner Majestät des Kaisers Franz Joseph I.

weitsuechtig

N. N.

Reise nach Russland

Seiner Majestät des Kaisers Franz Joseph I.

ISBN/EAN: 9783956560682

Auflage: 1

Erscheinungsjahr: 2013

Erscheinungsort: Bremen, Deutschland

@ weitsuechtig in Access Verlag GmbH. Alle Rechte beim Verlag und bei den jeweiligen Lizenzgebern.

weitsuechtig

SEINER MAJESTÆT DES KAISERS

FRANZ JOSEPH I.

VON ÖSTERREICH

REISE NACH RUSSLAND

IM

MONATE FEBRUAR 1874.

INHALT.

	Seite
EILFTER FEBRUAR.	
Abreife Sr. Majeftät des Kaifers von Wien nach St. Petersburg	1
ZWÖLFTER FEBRUAR.	
Ankunft in Warfchau	3
Befichtigung des kaiferlich ruffifchen Keksholm'fchen Grenadier-Regimentes Kaifer Franz Jofeph	5
Dejeuner	6
Fortfetzung der Reife	7
Diner in Poretfche	—
DREIZEHNTER FEBRUAR.	
Dejeuner in Luga	8
Begrüfsung Sr. Majeftät des Kaifers durch Se. Majeftät den Kaifer Alexander von Rufsland in Gatfchina	—
Ankunft Sr. Majeftät des Kaifers in St. Petersburg	9
Empfang auf dem Bahnhofe	—
Vorftellung	—
Befuch Ihrer Majeftät der Kaiferin von Rufsland und Ihrer kaiferlichen Hoheiten der Grofsfürftinnen	10
Familiendiner	—

ST. PETERSBURG.
VIERZEHNTER FEBRUAR.

Befuch der Kaifergruft	29

II

	Seite
Befuch bei den Mitgliedern der kaiferlich ruffifchen Familie	29
Diner bei Ihrer Majeftät der Kaiferin von Rufsland	—
Galavorftellung im grofsen Theater	—

FÜNFZEHNTER FEBRUAR.

Gottesdienft in der katholifchen Kathedralkirche	32
Parade in der Michael-Manège	33
Galadiner	—

SECHZEHNTER FEBRUAR.

Befuch der Ingenieur-Akademie, der Ifaaks- und Kafan-Kirche	35
Empfang des diplomatifchen Corps	38
Diner bei Seiner kaiferlichen Hoheit dem Grofsfürften Conftantin Nikolajewitfch	—
Ball beim Grofsfürften-Thronfolger	—

SIEBZEHNTER FEBRUAR.

Produktion der Pompiers auf dem Marsfelde	39
Befuch der Akademie für Bergwefen .	—
Befichtigung der Sammlungen der Eremitage .	41
Befuch des grofsen Theaters	44
Empfang der Deputation öfterreichifch-ungarifcher Staatsangehöriger aus St. Petersburg und Odeffa .	—
Befichtigung des Artilleriemufeums	48
Abreife zur Jagd	50

ACHTZEHNTER FEBRUAR.

Jagd	51
Ball im Adelshaufe	62

NEUNZEHNTER FEBRUAR.

Grofse Parade auf dem Alexander-Platze	64
Militärifches Dejeuner	71
Diner bei Seiner kaiferlichen Hoheit dem Prinzen Peter von Oldenburg	—
Hofball .	—

Seite

ZWANZIGSTER FEBRUAR.

Befichtigung von Kronftadt	74
Familiendiner im Winterpalais	77
Ball beim Minifter Grafen Tolftoy	—

EINUNDZWANZIGSTER FEBRUAR.

Befuch im kartographifchen Depot des Generalftabes	78
Diner bei Seiner grofsherzoglichen Hoheit dem Herzog Georg von Mecklenburg-Strelitz und Ihrer kaiferlichen Hoheit der Grofsfürftin Katharina Michailowna	79

ZWEIUNDZWANZIGSTER FEBRUAR.

Gottesdienft in der Kirche des Pagenchors	80
Parade in der Michael-Manège	81
Befuch des botanifchen Gartens, der kaiferlichen Stallungen, des Haufes Peters des Grofsen	—
Ball bei Ihrer kaiferlichen Hoheit der Grofsfürftin Maria Nikolajewna	—
Abreife nach Moskau	82

DREIUNDZWANZIGSTER FEBRUAR.

WINTERREISE.

MOSKAU.

DER KREML.

Ankunft Sr. Majeftät des Kaifers in Moskau	104

VIERUNDZWANZIGSTER FEBRUAR.

Befichtigung des Kreml und der Kirchen	106
Empfang der Moskauer Ausfteller und der Deputirten der Oefterreicher in Moskau	—
Rundfahrt in der Stadt	108
Diner beim Fürften Dolgorukow	109
Abreife nach Smolenfk	—

IV

Seite

FÜNFUNDZWANZIGSTER FEBRUAR.
Dejeuner in Orſeka 111
Diner in Minſk . . . . —

SECHSUNDZWANZIGSTER FEBRUAR.
Ankunft in Warſchau. Dejeuner 112
Verabſchiedung der ruſſiſchen Suite in Granica —
Souper in Oświęcim . . . . —

SIEBENUNDZWANZIGSTER FEBRUAR.
Ankunft in Wien. Empfang im Nordbahnhofe 113

EILFTER FEBRUAR.

Die Abreife Sr. Majeftät des KAISERS nach *St. Petersburg* erfolgte am 11. Februar um 3 Uhr Nachmittags.

Im feftlich gefchmückten Warte-Hoffalon des Nordbahnhofes hatten fich Ihre kaiferlichen Hoheiten die durchlauchtigften Herren Erzherzoge: CARL LUDWIG, LUDWIG VICTOR, CARL SALVATOR von TOSCANA, ALBRECHT, WILHELM, LEOPOLD, SIGISMUND, RAINER, FRIEDRICH und Se. königliche Hoheit der Herzog von MODENA verfammelt. Es waren dafelbft ferner erfchienen: Ihre Excellenzen die Minifter Feldzeugmeifter Baron *Kuhn* und Freiherr v. *Holzgethan*, Se. Durchlaucht Minifterpräfident Fürft *Adolf Auersperg*, Baron *Laffer*, Baron v. *Pretis*, Dr. *Banhans*, Dr. v. *Stremayr*, Dr. *Glafer*, Dr. *Unger*, Ritter v. *Chlumecký*, Dr. *Ziemialkowfki* und Baron *Béla Wenkheim*.

Zehn Minuten vor 3 Uhr erfchien Se. Majeftät der KAISER in Begleitung Ihrer Majeftät der KAISERIN und Sr. kaiferlichen Hoheit des durchlauchtigften Herrn Erzherzogs Kronprinzen RUDOLF, von den Anwefenden ehrfurchtsvoll begrüfst. Se. Majeftät der Kaifer nahm von den Mitgliedern des Allerhöchften Kaiferhaufes, dann von den Miniftern Abfchied und begab Sich auf den Perron, wo Er Sich von Ihrer Majeftät der Kaiferin und dem Kronprinzen verabfchiedete. Se. Majeftät der Kaifer verfügte Sich hierauf zum Hofwaggon und verweilte auf der Plattform desfelben, während der Zug fich unter ftürmifchen Hochs der Anwefenden in Bewegung fetzte. Se. Majeftät der Kaifer dankte huldvoll und fandte noch einen Abfchiedsgrufs Ihrer Majeftät der Kaiferin und dem Kronprinzen.

Der Hofzug hielt nach kurzer Fahrt auf der neuen, feſtlich geſchmückten Donau-Brücke der Nordbahn. Se. Majeſtät der Kaiſer verliefs den Waggon, liefs ſich von dem General-Inſpector Hofrath v. *Eichler* über den Brückenbau Bericht erſtatten, nahm das Werk in Augenſchein und ſetzte nach einigen Minuten die Reiſe fort.

Die Reiſe durch das ſchneefreie Marchfeld, das nördliche Mähren und das ſchneebedeckte Schleſien trug einen feſtlichen Charakter. Die Bahnhöfe waren geſchmückt, jene, an denen der Hofzug bei eingetretener Dunkelheit hielt, beleuchtet. Überall hatten ſich die Bewohner der Orte, die Behörden eingefunden, und Muſikkapellen ſpielten die Volkshymne. Bei vielen Dörfern ſtanden Landleute mit Leuchten.

In *Granica* kam Se. Majeſtät der Kaiſer kurz vor Mitternacht an. Daſelbſt war, zur Bewillkommnung Sr. Majeſtät an der Grenze Rufslands, eine Ehrenwache des in *Czenſtochau* garniſonirenden kaiſ. ruſſiſchen 37. Jekaterinburger Linien-Infanterie-Regimentes aufgeſtellt in der Stärke einer Compagnie in voller Anzahl mit der Regimentsmuſik und der Regimentsſtandarte.

Der Hofzug verliefs den feſtlich geſchmückten und glänzend beleuchteten Grenzort um Mitternacht.

ZWÖLFTER FEBRUAR.

Donnerstag, den 12. Februar, um 6³/₄ Uhr Früh traf Se. Majeftät der KAISER in *Warfchau* ein.

Zur Begrüfsung Sr. Majeftät waren Se. Excellenz der Generaladjutant Baron *Lieven* und der Generalmajor en fuite Graf *Apraxin* von *St. Petersburg* nach *Warfchau* gekommen und hatten die Ehre, Sr. Majeftät vorgeftellt zu werden, als der Kaifer den Eifenbahnwaggon verlaffen hatte. Hierauf geruhte Se. Majeftät die auf dem Bahnhofe aufgeftellte Ehrencompagnie des lithauifchen Leibgarde-Regimentes zu befichtigen und die dafelbft befindlichen höheren militärifchen Perfönlichkeiten zu begrüfsen, und zwar den Armeecommandanten des Warfchauer Militärdiftrictes Generaladjutanten *Minkwitz*, den Chef der dritten Divifion der Garde-Infanterie Generaladjutanten Baron *Meller-Zakomelfki,* den Chef des Stabes Generalmajor en fuite Fürften *Imeretyńfki* und den Chef des lithauifchen Leibgarde-Regimentes Generalmajor en fuite Baron *Korff,* fowie den Commandanten von *Warfchau* Generalmajor Grafen *Rozwadowfki* und den Ober-Polizeimeifter von *Warfchau* Generalmajor en fuite *Wlafow*. Im Empfangsfaale des Bahnhofes hatten die Ehre Sr. Majeftät vorgeftellt zu werden: der Stadtpräfident von *Warfchau* Generallieutenant vom Generalftabe *Witkowfki* und die Beamten des öfterreichifchen Generalconfulates in *Warfchau*.

Nach diefen Vorftellungen beftieg Se. Majeftät der Kaifer in Gefellfchaft des Barons *Lieven* den offenen Hofwagen und begab Sich in die Alexander-Citadelle, wofelbft das Kexholmer Grenadier-Regiment, deffen Inhaber Se. Majeftät der Kaifer ift, fich in Garnifon befindet. Voran fuhr der Ober-Polizeimeifter, hierauf folgten im offenen, von einer Abtheilung Linien-Kofaken umgebenen Wagen Se. Majeſtät mit Baron *Lieven*, fodann Graf *Andráſſy* und das militäriſche Gefolge Sr. Majeſtät, fowie die Repräfentanten der Ortsbehörde. Der Zug bewegte fich vom Bahnhofe der Warfchau-Wiener Eifenbahn gegen die Citadelle, und zwar durch die Strafsen und Plätze: Jerufalemer Allee, die Neue Welt, die Krakauer Vorſtadt, den Sächſiſchen Platz, die Wierzbowa-Gaſſe, den Theaterplatz, die Senatorſtrafse, die Methgaſſe, die Lange Gaſſe, die Breite und Schmale Fretgaſſe und fchliefslich durch die Zakroczymer Strafse. Nicht nur der ganze Weg, welchen der Kaifer vom Bahnhofe der Warfchau-Wiener Eifenbahn in die Citadelle und fpäter von dort zum Bahnhofe der Warfchau-Petersburger Eifenbahn zurücklegte, fondern faſt die ganze Stadt war mit ruſſiſchen und öſterreichiſchen Reichsflaggen gefchmückt; auch waren längs der ganzen Strecke der Durchfahrt Lampions angezündet, den Weg weithin beleuchtend. Obfchon es im Momente der Ankunft Sr. Majeſtät noch dämmerte, waren trotz der Morgenſtunde alle Strafsen von der Bevölkerung befetzt, welche den Kaifer mit lauten Hurrah-Rufen begrüfste. Einige Gebäude waren fchön gefchmückt, fo das Rathhaus, das Theater, die Alexander-Kaferne in der Citadelle; zumeiſt jedoch erglänzte das Gebäude der Sapieha'fchen Kaferne in der Zakroczymer Strafse, wo das Petersburger Grenadier-Regiment König Friedrich Wilhelm III. fich befindet. Auf dem Balcon und auf den eifernen Fenſterbrüſtungen diefer Kaferne waren Verzierungen aus gelbem und fchwarzem Tuche, über dem Portale dagegen die Initialen des Namens des Kaifers mit einer Krone angebracht. Bei der Einfahrt Sr. Majeſtät in die Citadelle wurden Sr. Majeſtät die militäriſchen Ehren, entfprechend den Beſtimmungen des Gefetzes über den Garnifonsdienſt, erwiefen; es wurden die Kanonen in der Citadelle gelöſt und 21 Schüſſe abgefeuert. In der Citadelle felbſt, und zwar auf dem Alexander-Platze, wurde Se. Majeſtät von dem Commandanten der Citadelle, Generalmajor *Zajcew* begrüfst, welcher dem Kaifer die Meldung über den Stand der Citadelle erſtattete. Nach Entgegennahme des Rapportes begab Sich Se. Majeſtät zu dem Seinen Namen führenden Keksholmer Grenadier-Regimente, welches vollftändig auf dem Platze vor der Alexander-Kaferne in Doppelabtheilungen aufgeftellt war.

Als Sich Se. Majeftät näherte, präfentirte das Regiment auf Commando des Regimentschefs das Gewehr, die Mufik fpielte die öfterreichifche Volkshymne und die Soldaten riefen „Hurrah!" Se. Majeftät fchritt die Fronten ab und liefs das Regiment vorbeidefiliren, wobei die Liniencompagnien fich in langfamem, die Jägercompagnien dagegen in rafchem Tempo bewegten. Das ganze Regiment war in Gala ausgerückt. Se. Majeftät trug die Uniform des Keksholmer Grenadier-Regimentes. Nachdem die Truppen vorbeidefilirt waren, wurden die Regimentsftandarten im Beifein Sr. Majeftät in die Wohnung des Regimentschefs getragen, worauf Se. Majeftät die Alexander-Kaferne, in welcher fich das Keksholmer Grenadier-Regiment befindet, befichtigte. Der Kaifer geruhte vor Allem das Regimentsfpital, hierauf das Local der Schule der Cantoniften zu befichtigen; die letzteren begrüfsten Se. Majeftät mit der öfterreichifchen Volkshymne. Se. Majeftät befuchte hierauf in der Kaferne mehrere Compagnien des Regimentes. Zum Schluffe geruhte der Kaifer den Speifefaal der Officiere zu befichtigen, wofelbft fich zur Begrüfsung Sr. Majeftät alle Stabs- und Ober-Officiere des Regimentes verfammelt hatten und vom Regimentschef Sr. Majeftät vorgeftellt wurden. Se. Majeftät begrüfste diefelben und geruhte fämmtlichen Stabsofficieren, fowie dem Regimentsadjutanten die Hand zu reichen. Se. Majeftät verabfchiedete Sich von Allen, begab Sich von der Citadelle zum Bahnhofe der Warfchau-Petersburger Eifenbahn und nahm den Weg durch die Zakroczymer Strafse, die Fretgaffe, Lange Gaffe, Methgaffe und Senatorftrafse, den Schlofsplatz und die Alexander-Brücke. Sämmtliche Officiere des Keksholmer Grenadier-Regimentes begleiteten zu Wagen Se. Majeftät den Kaifer von der Citadelle zum Bahnhofe der Warfchau-Petersburger Eifenbahn, wofelbft fie bis zum Momente der Abreife Sr. Majeftät verblieben.

Der Bahnhof der Warfchau-Petersburger Eifenbahn war mit den ruffifchen und öfterreichifchen Reichsflaggen, die

Corridors und die Säle mit frischen Blumen und Gewächsen geschmückt.

Sämmtliche Generale und Corpscommandanten waren bei der Ankunft Sr. Majestät auf dem Bahnhofe der Warschau-Wiener Eisenbahn und bei der Abfahrt des Kaisers auf dem Bahnhofe der Warschau-Petersburger Eisenbahn zugegen.

Im Bahnhofe angelangt, geruhte Se. Majestät die Ehrenwache des volhynischen Leibgarde-Regimentes zu besichtigen, sowie den geheimen Rath *Nabokow* und zwei Deputationen, die eine bestehend aus sechs Personen aus der Mitte der angesehensten Bewohner der Stadt Warschau, die andere, entsendet von den in Warschau ansäsigen österreichischen Unterthanen, zu empfangen.

Se. Majestät der Kaiser von Rußland hatte selbst angeordnet, wo Ehrenwachen zur Begrüßung Sr. Majestät aufgestellt werden sollen, und aus welchen Abtheilungen sie zu bestehen haben. Nach dem ursprünglichen Befehle sollte die Ehrenwache im Bahnhofe der Warschau-Wiener Eisenbahn bei der Ankunft Sr. Majestät in Warschau aus einer Abtheilung des Kexholmer Grenadier-Regimentes bestehen und sich hierauf mit ihrem Regimente vereinigen; da indeß Se. Majestät der Kaiser auf Seiner Durchreise durch *Warschau* Sich daselbst nur 2¼ Stunden aufhalten sollte, so hatte der Generaladjutant Baron *Lieven* gleich nach seiner Ankunft in *Warschau* auf telegraphischem Wege die Entschließung des Kaisers von Rußland dahin erbeten, daß die Ehrenwache auf dem Bahnhofe der Warschau-Wiener Eisenbahn bei Ankunft Sr. Majestät des Kaisers aus einer Abtheilung des lithauischen Leibgarde-Regimentes und nicht des Kexholmer Grenadier-Regimentes gebildet werde, wozu der Generaladjutant Baron *Lieven* gleichfalls auf telegraphischem Wege die Zustimmung Sr. Majestät des Kaisers von Rußland erhielt.

In dem Saale des Bahnhofes geruhte Se. Majestät das vorbereitete *Frühstück* einzunehmen.

Nach beendigtem Frühstücke, zu welchem fast alle Personen, die sich bei der Begrüßung des Kaisers auf dem Bahnhofe der Warschau-Wiener Eisenbahn befanden, sowie die Herren aus dem Gefolge des Kaisers mit einer Einladung beehrt wurden, geruhte

Se. Majeſtät Schlag 9 Uhr die Reiſe in kaiſerlichen Waggons nach *St. Petersburg* fortzuſetzen.

Mit Sr. Majeſtät dem Kaiſer fuhren auch der Chef des Keksholmer Grenadier-Regimentes Generalmajor *Bremſen*, ſowie der Hauptmann vom Regimentsſtabe *Reichenbach*, der Erſtere, um an der Seite des Kaiſers während der ganzen Dauer der Anweſenheit Sr. Majeſtät im Bereiche Rufslands zu verbleiben, der Letztere hingegen als ſtändiger Ordonnanzofficier bei Sr. Majeſtät dem Kaiſer.

Se. Majeſtät der Kaiſer nahmen das *Diner* im Waggon um 5 Uhr Nachmittags ein, als der Zug die Station *Poretſche* verlaſſen hatte. Aufser der kaiſ. ruſſiſchen Suite hatten Ihre Excellenzen Graf *Andráſſy*, Freiherr v. *Braun*, Freiherr v. *Hofmann* und mehrere Herren der Suite die Ehre, dem Diner bei Sr. Majeſtät beigezogen zu werden. Das Wetter war den ganzen Tag über ſchön und weithin erglänzte die Schneelandſchaft, hie und da von Ortſchaften und Wäldern coupirt, im Sonnenlichte.

DREIZEHNTER FEBRUAR.

Seine Majeftät der KAISER langte um 10 Uhr 50 Minuten Vormittags in *Luga* an. Se. Excellenz der k. und k. öfterreichifch-ungarifche Gefandte General der Cavallerie Freiherr v. *Langenau* mit einem Theile des Perfonales der Gefandtfchaft, fowie der Gouverneur von St. Petersburg Geheimrath *Lutkowfki*, erwarteten in *Luga* Se. Majeftät und hatten die Ehre, nebft der Suite dem *Dejeuner* beigezogen zu werden, welches Se. Majeftät der Kaifer im Waggon einnahm. Der Aufenthalt in *Luga* dauerte zwanzig Minuten.

Seine Majeftät Kaifer ALEXANDER von Rufsland hatte fich am 12. Februar nicht ganz wohl gefühlt, und es war Anfangs in Frage geftellt, ob Derfelbe Seinem hohen Gafte entgegenfahren würde. Se. Majeftät hatte Sich jedoch glücklicher Weife wieder erholt und begab Sich um 11 Uhr 30 Minuten mittelft Extrazuges nach *Gatfchina*, um Se. Majeftät den Kaifer dort zu empfangen. In Begleitung Sr. Majeftät des Kaifers von Rufsland befanden fich: Ihre kaiferlichen Hoheiten der Grofsfürft - Thronfolger CESAREWITSCH, die Grofsfürften WLADIMIR und ALEXIS ALEXANDROWITSCH und Prinz ALEXANDER von Heffen. In dem Bahnhofe zu *Gatfchina* war eine Abtheilung des Leibgarde-Küraffier-Regimentes Ihrer Majeftät der Kaiferin von Rufsland als Ehrenwache aufgeftellt, deffen Mufikchor beim Herannahen des Zuges die öfterreichifche Volkshymne fpielte. Als der Train vor dem Bahnhofe hielt, verliefs Se. Majeftät der Kaifer den Waggon und wurde von Sr. Majeftät Kaifer ALEXANDER mit der herzlichften Umarmung begrüfst. Eine gleich herzliche Bewillkommnung fand von Seite der anderen anwefenden Mitglieder der kaiferlich ruffifchen Familie ftatt. Nach kurzem Aufenthalte beftiegen die hohen Herrfchaften zufammen den Waggon und traten die Weiterfahrt nach *St. Petersburg* an. Se. Majeftät der Kaifer FRANZ JOSEPH hatte in *Warfchau* die Uniform Seines Keksholm'fchen Regimentes getragen, in *Grodno* wieder öfterreichifche Uniform angelegt und erfchien in *Gatfchina* abermals in ruffifcher Generalsuniform. Se. Majeftät der Kaifer ALEXANDER und Ihre kaiferlichen Hoheiten die Grofsfürften waren fämmtlich in öfterreichifcher Uniform.

Auf dem feftlich gefchmückten Bahnhofe zu *St. Petersburg* hatte fich inzwifchen eine auserlefene Verfammlung zum Empfange Sr. Majeftät des Kaifers eingeftellt. Nebft den fremden, in *St. Petersburg* anwefenden fürftlichen Gäften waren hier alle übrigen männlichen Mitglieder der ruffifchen Kaiferfamilie vereinigt. Neben den oberften Chargen des Hofes und den Spitzen der Regierung befand fich hier eine glänzende Generalität, die übrigen Mitglieder der öfterreichifchen Gefandtfchaft und der k. und k. öfterreichifch-ungarifche Generalconful v. *Wyneken*.

Seine kaiferliche Hoheit der Grofsfürft NIKOLAUS NIKOLAJEWITSCH d. Ä., in der Uniform feines öfterreichifchen Hufzaren-Regimentes Nr. 2 und gefchmückt mit dem grofsen Bande des St. Stephans-Ordens, commandirte die Ehrenwache, welche das Ifmailowfki'fche Garde-Regiment geftellt hatte. Bei der Ankunft des Zuges begrüfste die Regimentsmufik Se. Majeftät den Kaifer mit der öfterreichifchen Volkshymne. In Begleitung Sr. Majeftät des Kaifers von Rufsland und der Grofsfürften verliefs Se. Majeftät der Kaifer den Waggon und begrüfste die Ihn erwartenden Grofsfürften und fürftlichen Gäfte auf das Herzlichfte. Unter den Klängen der öfterreichifchen Volkshymne fand die Abfahrt ftatt; voran Se. kaiferliche Hoheit der Grofsfürft NIKOLAUS NIKOLAJEWITSCH, dann die beiden kaiferlichen Majeftäten in gefchloffener Equipage, hinter Ihnen die übrigen Grofsfürften und fürftlichen Gäfte.

Der ganze Weg bis zum Winterpalais war auf das Reichfte mit Fahnen und Flaggen, namentlich in den öfterreichifchen Farben, fowie mit den Büften der beiden Kaifer in Laub und Guirlanden gefchmückt. An der Anfahrt des Reichsrathes beim

Winterpalais gab das Preobrafchenfkifche Regiment die Ehrenwache. Als Ihre Majeftäten Sich derfelben näherten, wurden von der Peter-Pauls-Feftung 21 Kanonenfchüffe abgefeuert und gleichzeitig in der Feftung die öfterreichifche Kaiferftandarte aufgehifst. Se. Majeftät der Kaifer ALEXANDER begleitete Seinen hohen Gaft in die Eremitage, wo Kaifer FRANZ JOSEPH Wohnung nahm; dort fand die Vorftellung der beiderfeitigen Suiten ftatt. Inzwifchen hatten fich im Winterpalais bei Ihrer Majeftät der KAISERIN Ihre kaiferlichen Hoheiten die Grofsfürftinen und die fremden Prinzeffinen verfammelt und dorthin begaben Sich nun die beiden kaiferlichen Majeftäten von der Eremitage aus. Um 6 Uhr war im Winterpalais Familiendiner.

Die *Eremitage,* in welcher fich die für Se. Majeftät den Kaifer beftimmten Appartements befanden, liegt neben dem Winterpalafte ftromaufwärts an der Newa. Die Eremitage ift ein Doppelgebäude; ein Theil wird die alte oder grofse, ein zweiter die neue Eremitage genannt. *Katharina II.* liefs im Jahre 1768 nahe beim Winterpalafte durch den Baumeifter *De la Motte* ein Palais errichten, dem fie den Namen Eremitage oder Einfiedelei gab. Die urfprüngliche Beftimmung desfelben ift in diefem Namen ausgedrückt. Die Kaiferin machte daraus ihren Lieblingsaufenthalt und verfammelte in der Eremitage einen gewählten Kreis von Gelehrten, Künftlern und anderen ausgezeichneten Perfönlichkeiten zu ihren berühmt gewordenen Abendgefellfchaften. Sie begann auch diefen Lieblingsfitz mit ausgezeichneten Kunftwerken zu fchmücken, und da die Eremitage fpäter dafür nicht mehr ausreichte, liefs fie im Jahre 1787 füdwärts einen neuen Flügel erbauen und mit dem früheren Gebäude durch einen Säulengang in Verbindung fetzen. Ihre jetzige Geftalt erhielt die Eremitage durch Kaifer *Nikolaus,* der fie durch den berühmten Frd. v. *Klenze* umbauen liefs. Sie ift jetzt ein grofsartiges Viereck von 515 Fufs Länge, 375 Fufs Breite, mit zwei Höfen, einer grofsartigen Einfahrt und im Inneren von prachtvoller Einrichtung. Ihrer Hauptbeftimmung nach ift fie Mufeum und Gemäldegalerie. Neben der Eremitage und mit ihr durch eine Galerie verbunden fteht ftromaufwärts das Eremitage-Hoftheater.

Von der dem Winterpalaste zu gelegenen Einfahrt der Eremitage gelangt man über eine prächtige, in drei Abſätze getheilte Marmortreppe in das erſte Stockwerk, das ſich zu beiden Seiten der Treppe in einer langen Zimmerreihe ausdehnt. Die nach rechts gegen die Newa zu gelegenen Appartements waren für Se. Majeſtät den Kaiſer hergerichtet worden. Noch vor dem Eingange in dieſelben, in dem Veſtibule oben an der Treppe, ſtand eine ſchöne groſse Vaſe aus Malachit, in einer Niſche der Wand eine Apollo-Statue. Durch ein Vorzimmer gelangte man in das einfach eingerichtete Arbeitszimmer, von da in das prachtvolle Empfangszimmer, das im Rococoſtil verziert und möblirt war. Hier ſah man Möbel, reich geſchnitzt und vergoldet, Garnituren und Tapeten aus weiſser Seide, in der Mitte des Zimmers einen koſtbaren Moſaiktiſch, in einer Ecke zwiſchen exotiſchen Pflanzen „Moſes im Bienenkorbe" in Marmor ausgeführt, an den Wänden Gemälde von *van Dyk*, *Rembrandt* und *Claude Lorrain*. — An das Empfangszimmer ſtieſs das Schlafzimmer. Die Wände, Seſſel und Fauteuils waren mit blauer Seide überzogen. An das Schlafzimmer ſchloſs ſich das reich eingerichtete Toilettezimmer, deſſen Seſſel und Sopha mit rother Seide bedeckt waren. Die Toilettegarnitur beſtand aus feinſtem Sevres-Porcellan. An einer Wand war ein groſser Stehſpiegel mit einem Mittelſtücke und zwei Flügeln angebracht, die Decke zierte ein groſses Gemälde, die dem Meere entſteigende Aphrodite darſtellend. — Neben dieſen Wohnräumen lief eine Flucht von Staatsgemächern voll kaiſerlicher Pracht; die reichen Decken, getragen von Marmor-, Granit- und Jaspiſſäulen; die Marmorwände, durch Pilaſter gegliedert, mit Malereien und Arabesken auf Goldgrund geſchmückt; andere Wände waren mit prachtvoll-reichen rothen Seidentapeten überzogen; der Boden mit Marmor oder Holzmoſaik belegt. Dieſe Gemächer waren mit Kunſtwerken und Koſtbarkeiten, in denen Reichthum und Geſchmack wetteiferten, reich ausgeſtattet. Es befanden ſich da Schränke und Tiſche mit Moſaikbildern aus Gold und edlem Geſtein; auf den Marmorkaminen ſtanden Vaſen aus Jaspis, Achat und Malachit; die Möbel waren reich geſchnitzt und verziert, und an den Wänden hingen Meiſterwerke der

Malerei. In dem grofsen Galafaale, der durch feine Dimenfionen überrafchte, beftanden die Wände aus italienifchem Marmor. Fünf von innen und aufsen mit bemaltem und vergoldetem Porcellan ausgelegte Doppelthüren führten in den Saal, jede auf beiden Seiten mit Doppelfäulen aus Jaspis flankirt. Grofse Füllungen aus Lapis Lazuli waren in den Wandftücken über den Thüren angebracht. Der Fufsboden beftand aus der feinften Marqueterie in exotifchen Holzarten. Die fechs mächtigen Doppelfenfter auf der Nordfeite führten auf den Hofquai, man fah auf die breite Eisdecke der Newa, die von Schlitten, Schlittfchuhläufern und Fufsgängern belebt war. Jenfeits des Stromes, der fich weiter unten beim Winterpalafte in die kleine und grofse Newa theilt, fah man noch die Mauern und Wälle der Citadelle und in Mitte derfelben den hohen, fpitzen Thurm der Feftungskirche.

* * *

Die Anwefenheit Sr. Majeftät des KAISERS in *St. Petersburg* wurde von der deutfchen „St. Petersburger Zeitung" mit folgendem Leitartikel begrüfst: „Zum erften Male weilt ein Kaifer von Oefterreich in der Hauptftadt des ruffifchen Reiches; zum erften Male weht von den Zinnen der Peter-Pauls-Vefte hoch über den Fluthen der Newa das Banner des Haufes Habsburg und flattern in unferen Strafsen die fchwarzgelben Fahnen neben den ruffifchen, deutfchen und englifchen. Der Befuch des mächtigen und edlen öfterreichifchen Kaifers am Herde unferes geliebten Herrfchers ift der Ausdruck des freundnachbarlichen Verhältniffes beider Staaten, deren politifche, commercielle und Cultur-Intereffen nach Weften und nach Often mit einander gehen; er ift aber auch zu gleicher Zeit eine Förderung diefer Gemeinfamkeit und diefes guten Verhältniffes. Nicht nur die Kriegführung, auch die Handhabung und Förderung des Friedens ift eine andere geworden als in früherer Zeit. Wie Telegraph und Eifenbahn den materiellen Intereffen dienen und ihnen zu unerwartetem Auffchwung verhelfen, fo fördern fie zugleich die idealen Güter, den geiftigen und den perfönlichen Verkehr. Die Völker befuchen einander in ihren Grenzen, lernen einander verſtehen und würdigen und legen Vorurtheile ab. Welche Völkerwanderung in dieſem Sinne zog im vergangenen Jahre das Induſtrieſeſt in Wien herbei! Und wie die Völker, ſo reiſen die Monarchen, welche kein politiſcher oder perſönlicher Gegenſatz trennt, zu einander, beſuchen einander im Inneren ihrer Reiche, tauſchen Worte der Freundſchaft und des Verſtändniſſes, aus denen ihre klugen Räthe die praktiſchen Conſequenzen ziehen und feſthalten. Und ſelbſt wenn Letzteres nicht wäre, der Umſtand allein iſt ſchon ein leuchtendes Vorbild friedlichen und freundlichen Verkehres, iſt allein ſchon ein Bindemittel, das nie ganz verleugnet werden kann, daſs der Herrſcher des einen mächtigen Reiches bei dem des anderen wohnt, unter ſeinem Dache ruht, Salz und Brot von ihm entgegennimmt. Die Ausübung der älteſten, rein menſchlichen Pflicht der Gaſtfreundſchaft von Monarch zu Monarch hat etwas, das zu jedem Herzen ſpricht, jedem Verſtändniſſe nahe tritt, mehr als ein dreifach unterſiegelter Tractat und die ſchwungvollſte Rede. Die durch ſolchen perſönlichen Verkehr, durch gegenſeitige Beſuche und Freundſchaftsbeweiſe zwiſchen St. Petersburg, Wien, Berlin und Italien errichtete ſolidariſche Einheit bildet ein Feſtungsviereck friedlicher Macht, welches die Ruhe Europas und die ungeſtörte innere Entwicklung der Staaten beſſer gewährleiſtet als jede Combination rieſiger Verſchanzungen in Stein und Erde.

Neben dem Glanze und dem maſsgebenden Einfluſſe ſo hoher Stellung ſuchen wir überhaupt gern, was menſchlich ſchön, menſchlich verſtändniſsvoll uns in dem Leben eines Monarchen entgegentritt. Die bereits durch ein fünfundzwanzigjähriges Jubiläum bezeichnete Regierungszeit des Kaiſers FRANZ JOSEPH iſt zugleich die Geſchichte Europas in dem letzten Vierteljahrhundert, iſt die Lebensgeſchichte des jetzt zur Manneskraft herangewachſenen Geſchlechtes. 1848, in der Sturm- und Drangperiode, in dem Alter, da die Generation der heutigen Männer als glückliche, verantwortungsloſe Jünglinge des Lebens ſich freute, wurde der kaiſerliche Jüngling berufen, die Krone zu tragen. Seitdem hat Kaiſer FRANZ JOSEPH mehr als 25 Jahre unter den schweren Verhältnissen der sich gebärenden neuen Zeit das Scepter geführt, hat Geist und Charakter von der Zartheit der Jugend zur Festigkeit und Weisheit des Mannes herausgebildet und sein Reich aus der Starrheit der alten Zeit zur lebendigen Erneuerung des heutigen Tages erhoben. Und das Alles ist ihm trefflich gelungen. Reich und Monarch, beide stehen sie da, vom ältesten Stamme und doch in vollkommener Einheit mit der jungen Zeit, beide schauen sie blühend, kräftig einer langen und glücklichen Zukunft entgegen."

ST. PETERSBURG.

Der Bau von *St. Petersburg*, der grofsen Schöpfung *Peters des Grofsen*, wurde von diefem während des nordifchen Krieges am 16. Mai 1703 begonnen. Kaifer *Peter*, der den Bau perfönlich von einem noch beftehenden Haufe aus leitete, hatte urfprünglich nur eine Feftung im Sinne, die auch zu Stande kam und noch befteht, die fogenannte *Peter-* und *Pauls-Feftung*, die auf einer Newa-Infel gelegene Citadelle vor *St. Petersburg*.

Seit Jahrhunderten war der Kampf zwifchen Schweden und Ruffen immer wieder erneut und mit wechfelndem Erfolge geführt worden um den Befitz der Newa-Mündungen und den Zugang zum finnifchen Meerbufen, um die auf dem heutigen Stadt-gebiete von *St. Petersburg* gelegene Feftung und Handelsftadt *Nyenfchanz* (Newafchanze), die Nachfolgerin des fchon um das Jahr 1300 von den Schweden errichteten, wiederholt zerftörten und wieder erbauten *Landskrona*. *Peter* der Grofse eroberte fie endlich. Er fammelte die Bewohner etwas mehr ftromabwärts nahe dem Meere hinter Wall und Graben einer Infelfeftung, die er feinem Namenspatron, dem heiligen *Petrus*, widmete, daher der Name *Sanct Petersburg*. Allein aus diefer Feftung wurde bald mehr. *Peter* befchlofs, feiner Schöpfung die Anlage und den Umfang einer Reichshauptftadt und eines grofsen Stapel-platzes für den Land- und Seehandel zu geben. Beides ift die Stadt durch die Thatkraft ihres Begründers und der in feinem Geifte fortarbeitenden Nachfolger in grofsartigem Mafsftabe geworden, die glänzende volkreiche Hauptftadt eines mächtigen

Reiches und ein Hauptplatz ruffifcher Handels- und Gewerbethätigkeit. Ohne die Erhebung zur Reichshauptftadt wäre fie, wie das ja auch von anderen Hauptftädten gilt, wohl das heutige *St. Petersburg* an Glanz und Gröfse bei Weitem nicht geworden. Was fie in diefer Beziehung ift, verdankt fie ihrem Begründer und deffen Nachfolgern, welche die Kraft und Macht eines grofsen Reiches auf diefen Sammel- und Vertheilungspunkt leiteten. Was fie aber als Handelsemporium wurde, verdankt fie zum gröfsten Theile ihrer natürlichen Lage, die eben auch wieder für die Wahl zur Reichshauptftadt den Ausfchlag gegeben hat.

St. Petersburg ift eine Seeftadt mit einem mächtigen Hinterlande, mit dem fie durch ein grofses Netz natürlicher Wafferftrafsen verbunden ift. Sie liegt am innerften Winkel des buchtenreichen finnifchen Meerbufens, der fich von der Oftfee aus 50 Meilen lang nach Often in die küftenarme Ländermaffe Rufslands hineinfchiebt. Eben an feinem Oftende bei *St. Petersburg* empfängt der finnifche Meerbufen durch die mächtige Newa die gefammelte Waffermaffe eines grofsen Flufs- und Seegebietes, deffen Sammelbecken der nur acht Meilen von *St. Petersburg* entfernte Ladoga-See ift. In diefen münden über 70 Flüffe, von denen die wichtigften felber wieder aus Seen kommen. Es find hier zu nennen der Woxen aus dem Saima-See in Finnland, der Swir aus dem grofsen Onega-See, an deffen Ufern in neuerer Zeit fchon Oftindien-Fahrer gebaut wurden, und der mit feinen Zuflüffen, der Wodla und dem Onega-Fluffe, die Wafferftrafse von der Newa aus einerfeits bis nahe zu der ins weifse Meer mündenden Dwina, andererfeits durch die Wytegra bis nahe zum Stromgebiete der Wolga bei Rybinfk verlängert. Canäle, der Marien- und Alexander-Canal, dann der Tichwin'fche Canal, haben diefe Verbindung der Wolga mit dem Ladoga-See, beziehungsweife der Newa vervollftändigt. Von Süden her kommt dem Ladoga-See, alfo der Newa, der breite, fchiffbare Wolchow aus dem Ilmen-See zu, in den wiederum von allen Seiten her Gewäffer münden. In den Ilmen-See fliefst von Südweften her die Mnefta, die durch den Wifchnei-Woloczok-Canal mit der bei Twer, dem Haupthafen der oberen Wolga, in diefen Strom mündenden Twerza verbunden ift, der Hauptwafferweg zwifchen Newa und Wolga, *St. Petersburg* und *Moskau*. In den Ilmen-See mündet ferner der Sjäfs, der wiederum durch die Mologa mit der Wolga in Verbindung fteht. Nach Süden führt vom Ilmen-See aus eine Wafferftrafse auf dem Lowat in das Gebiet der mit ihm durch einen Canal verbundenen, bei *Riga* mündenden Düna und des ins fchwarze Meer fliefsenden Dniepr.

Es läfst fich fchon aus diefem Netze von Wafferftrafsen, die zum Newa-Gebiete gehören oder von ihm ausgehen und bis zum weifsen, kafpifchen, fchwarzen und baltifchen Meere führen, die hohe Bedeutung der Lage *St. Petersburgs* an der Newa-Mündung erkennen. Diefe Lage war für die Wahl und die Zukunft des Ortes entfcheidend. Die Gründung von *St. Petersburg* war für das damals von den Seewegen faft gänzlich abgefchnittene Rufsland die Eröffnung eines Thores zu dem völkerverbindenden Meere oder, wie der Dichter Pufchkin fagt: „eines Licht und Luft fpendenden Fenfters nach Europa hin".

Im Anfange des 18. Jahrhundertes, wo der Landtransport noch fo überaus mühfelig und daher kümmerlich war, erfchien die Gründung diefes Sammelpunktes von Wafferftrafsen vom und zum Meere als eine That für den Auffchwung Rufslands, der fich kaum etwas Anderes an die Seite ftellen liefs. Heute, im Zeitalter der Eifenbahnen, hat aber *St. Petersburg* nicht nur nichts von der Bedeutung feiner handelspolitifchen Lage verloren, fondern diefelbe durch die neuen Verkehrsmittel nur noch gehoben.

Als *Peter* der Grofse im Jahre 1703 den Bau der neuen Hauptftadt begann, führte er viele Taufende von Arbeitern an den Ufern der Newa zufammen, um unter feiner Leitung die Wälder zu lichten, Canäle zu graben, überhaupt den Grund der Stadt herzurichten. Auch während der nächftfolgenden Jahre wurden jährlich 40.000 Arbeiter aus den verfchiedenen Provinzen des Reiches an die Newa beordert und auch viele ausländifche Arbeiter herangezogen, für deren Unterbringung *Peter* die fogenannte franzöfifche Colonie, eine Gruppe hübfcher Häufer, anlegte. Im Jahre 1704 wurden die erften Privathäufer, im Jahre 1705 fchon elegante Häufer von den Fremden gebaut und bald begann der ruffifche

Adel fich in der neuen Stadt anzufiedeln. Im Jahre 1711 entftand das Admiralitätsgebäude an der Newa, heute noch der Mittel- und Richtpunkt der Stadt. Im Jahre 1750, 25 Jahre nach dem Tode ihres Begründers, hatte die neue Stadt 72.000 Einwohner, fünfzig Jahre fpäter, beim Beginne des laufenden Jahrhundertes, 200.000, im Jahre 1840 443.000, im Jahre 1869 667.000 Einwohner. Es ift klar, dafs wie in anderen Hauptftädten fo auch in *St. Petersburg* die Bevölkerung zumeift durch Zuzug wächft.

St. Petersburg liegt in der weiten Newa-Ebene, die in einer Breite von 8½ Meilen den finnifchen Meerbufen vom Ladoga-See fcheidet. Die Newa befchreibt einen Bogen von Südoften nach Südweften durch die Stadt und theilt fich innerhalb derfelben in mehrere Arme. Es trennt fich zuerft die Newka von der Newa ab und theilt fich wieder in die grofse und kleine Newka, wie die Newa ihrerfeits in die grofse und kleine Newa. Die Reihenfolge diefer Hauptarme ift von Süden nach Norden: Grofse Newa, kleine Newa, kleine Newka, grofse Newka. Alle diefe Stromarme münden im Weichbilde der Stadt in das Meer, fie bilden mehrere Infeln: Waffili-Oftrow oder Bafilius-Infel, zwifchen der grofsen und kleinen Newa, dann die eigentliche Petersburger Infel zwifchen Newa und Newka, mit der durch kleinere Flufsarme abgefonderten Infel Petrowfki und der Apotheker-Infel, endlich Kamenoi-Oftrow, Kreftowfky und Jelagin. Auf der Petersburger Infel fteht auch die Citadelle. Der gröfste und fchönfte Theil von *St. Petersburg*, der mehr als die Hälfte der gefammten Einwohnerfchaft beherbergt, liegt auf dem füdlichen oder linken Newa-Ufer, und zwar deffen glanzvollfte Partien an oder in der Nähe der Newa. Diefer Stadttheil heifst die grofse Seite (Bolfchaia Storona); ihr gegenüber auf der Infel liegt die Petersburger Seite, von der Burg oder Feftung fo benannt, und auf dem Feftlande, nördlich von Newa und Newka, die Wiborger Seite, nach der finnifchen Hafenftadt Wiborg, wohin jetzt auch die finnifche, die einzige nördlich der Newa auslaufende Eifenbahn führt. Auf der grofsen oder Südfeite nun liegt zwifchen der neuen und der alten Admiralität der prachtvolle englifche Quai, an dem die vom Meere heraufkommenden Schiffe landen, weiter ftromaufwärts der Petersplatz mit dem weltbekannten Reiterſtandbilde *Peters* des Grossen von Falconet, der Admiralitätsplatz mit dem Winterpalaſte und anderen prachtvollen Gebäuden. Vom Winterpalaſt an erſtreckt ſich ſtromaufwärts an der Eremitage und dem Marmorpalaſt vorbei der Hofquai, ein Hauptſammelpunkt der eleganten Welt, und noch weiter aufwärts an der Newa liegen der Sommergarten mit dem berühmten eiſernen Gitter und das Marsfeld.

Die ſüdliche Stadt iſt von mehreren Canälen durchzogen, die mit einander parallel und bogenförmig von der oberen zur unteren Newa auslaufen. Die bedeutendſten davon ſind der ſchiffbare Fontanka-Canal mit prächtigen Quais und der Vorſtadt-Canal, der äuſserſte, in den die aus dem Inneren des Landes kommenden Schiffe einlaufen.

Die Straſsen von *St. Petersburg* ſind gerade und weit, keine unter 40, keine über 140, die meiſten etwa 70 Fuſs breit. Die längſten Hauptſtraſsen heiſsen Profpecte oder Perſpectiven und von dieſen ſind auf der groſsen Seite drei die bemerkenswertheſten, die fächerartig vom Admiralitätsplatze auslaufen und alle drei von dem hohen, goldſchimmernden, mit einem Aufwande von 60.000 Ducaten am Helme vergoldeten Admiralitätsthurme aus, einem weithin ins Meer ſichtbaren Wahrzeichen der Stadt, in ihrer ganzen Länge überſehen werden können. Die ſüdöſtliche iſt die berühmte, eine Stunde lange Alexander-Newſki-Perſpective, von dem Kloſter an der oberen Newa ſo benannt, zu dem ſie führt, eine Palaſtſtraſse, die mit den ſchönſten in Europa wetteifert, die mittlere iſt die Gorokhowaia- oder Erbſenſtraſse, die ſüdweſtliche die Wosneſſenſky- oder Auferſtehungs-Perſpective. Die Straſsen ſind durchgängig mit guten, vielfach prächtigen Trottoirs verſehen.

Die prächtigſte und belebteſte Straſse *St. Petersburgs* iſt die Newſky-Perſpective. Sie iſt, was die Ringſtraſse in Wien oder die Rue de Rivoli und die Boulevards für Paris, Oxford- und Regent-Street für London. Die Häuſer an derſelben ſind groſs und 3 bis 4 Stockwerke hoch. Überdieſs ſtehen an dieſer Straſse mehrere ſchöne Kirchen verſchiedener Culte, eine griechiſche, katholiſche, holländiſche, deutſch-lutheriſche, armeniſche, die Peters-Kirche und die prächtigſte von allen, die Kaſan-Kirche. Es liegen an der Newsky-Perspective das von Rastrelli, dem Erbauer des neuen Winterpalastes erbaute Palais Stroganoff; an der Polizeibrücke über den Moika-Canal das in den Jahren 1819 bis 1825 mit einem Aufwande von 17 Millionen Rubel für den verstorbenen Grofsfürsten *Michael,* den Bruder des Kaisers *Nikolaus,* von Rossi erbaute Palais, einer der schönsten Paläste Europas, jetzt von der Tochter jenes Grofsfürsten, der Grofsfürstin KATHARINA MICHAILOWNA und ihrem Gemal dem Herzog Georg von MECKLENBURG-STRELITZ bewohnt; weiterhin die Kaufhalle, Gostinoi-Dwor, ein grofsartiger Bazar mit 340 Kaufläden, einer schönen Kapelle im Inneren, die kaiserliche Bibliothek, der Alexander-Square und in dessen Hintergrunde das Alexander-Theater mit der imposanten Façade und Säulenhalle, dann am Fontanka-Canal der Anitschkow'sche Palast, jetzt wie seit drei Generationen vom Grofsfürsten-Thronfolger bewohnt. Hier führt eine prächtige, mit vier kolossalen Pferdebändiger-Gruppen in Bronze geschmückte Brücke über den Canal, der auf- und abwärts wieder von einer neuen Flucht prächtiger Häuser und Paläste eingefafst ist.

* * *

Das *Strafsenleben* ist in *St. Petersburg* im Allgemeinen sehr lebendig, besonders wenn man die Ausdehnung der Stadt, die Länge und Breite der Strafsen in Anschlag bringt. Am belebtesten sind die Quais, namentlich der englische und der Hofquai, der Peters- und Admiralitätsplatz und die Newfki-Perspective. Sehr bunt ist der Anblick der Strafsen durch die Mannigfaltigkeit der Trachten, die man zu sehen bekommt: die prächtigen Uniformen der Armee, der Beamten, der Cadeten und anderer Zöglinge, die Nationaltrachten der Russen und Finnländer und dazwischen in vereinzelten Exemplaren die der Armenier, Perser, Türken, Steppen- und Kaukasus-Völker. Es wird in *St. Petersburg* sehr viel gefahren, wegen der grofsen Entfernungen und dann auch wegen des Klimas und der Witterung. Zahlreich und glänzend sind daher die eigenen Equipagen, Karossen, Kaleschen, Pirutschen im Sommer, Schlitten im Winter, und in die Taufende beläuft sich die

Zahl der Miethdrofchken und Miethfchlitten. Die Schlitten fliegen von gewandten Kutfchern gelenkt, pfeilfchnell durch die Strafsen, kreuzen und drängen fich, ohne Verkehrsftockungen und Zufammenftöfse zu veranlaffen. Die anfcheinend unentwirrbaren Schlittenknäuel löfen fich immer wie durch Zauberhand auf und die Schlitten fliegen nach allen Strafsenrichtungen weiter.

An die Gefährte find oft prachtvolle Pferde gefpannt. Einige fchmale, mit Schnallen verzierte Riemen machen das ganze Gefchirr aus. Zwei Silberkettchen kreuzen fich auf der Stirne des Pferdes, der leichte, einfache Kummt ift mit gewundenen Lederriemen an die beiden Stangen der Gabeldeichfel befeftigt, an deren Enden fich die Duga, ein etwas rückwärts geneigter Bogen aus biegfamem Holz, über dem Rücken des Pferdes erhebt. Diefe Duga hält die Deichfelftangen dem Pferde vom Leibe, verhindert die Lostrennung des Kummtes und der Deichfelgabel und trägt die Zügel in einem Haken.

Der ruffifche Kutfcher ift ebenfalls eine echt nationale Figur. Er trägt einen Hut mit niedriger Kuppe, feitwärts aufgeftülpter Krempe tief in Stirn und Nacken, im Winter eine viereckige Sammtmütze, einen blauen oder grünen Kaftan vorn übereinander gefchlagen und unter dem linken Arme mit fünf filbernen Schnallen oder Knöpfen zufammengehalten, um die Taille einen cirkaffifchen Gürtel mit goldenen Franfen, einen langen, bis auf die Bruft reichenden Bart. Die Zügel hält er mit beiden Händen, eine Peitfche braucht und hat er nicht, er lenkt die Pferde mit der Stimme und höchftens einem leichten Schlage des Zügels. Manchmal ift an das Vehikel noch ein Handpferd, Priftiafchka, gefpannt, dasfelbe geht an einem einzigen Aufsenzügel und galoppirt, während fein Genoffe trabt.

Das find nun Herrfchafts- und Privatgefährte. Die Miethvehikel find ebenfo gebaut, befpannt und eingerichtet, nur mit weniger Eleganz. Die Kutfcher tragen blaue, mehr oder weniger faubere Kaftane, und eine Blechnummer an einem Riemen, die fie während der Fahrt über den Rücken zu hängen pflegen, damit fie der Fahrgaft nicht vergeffe. Sie haben kleine Pferde aus der Ukraine, zwar keine befonders edle Race, aber gute Renner.

Der Bau des Schlittens ift fehr einfach, ein Paar Läufe aus Eifen oder Holz, darauf ein Geftell mit dem bemalten Schlittenkaften und dem Kutfcherfitze. Ein Spritzleder vorn, das fich in Form einer Schwanenbruft zurückbiegt und zufpitzt, gibt dem Schlitten ein hübfches Anfehen und dem Kutfcher Schutz vor den Schneeballen, welche die rafche Fahrt wie Schaum aufwirft. Die Befpannungsart ift eine Gabeldeichfel, an den Schlittenläufen hinten und dem Pferdekummt vorn befeftigt und durch einen Jochbogen verbunden. Das ganze Gefährt ift leicht und fauft wie der Wind dahin, namentlich wenn der Schnee gefroren und die Bahn fchon feftgetreten ift. Der Schnee ift überhaupt in Rufsland während fechs Monaten im Jahre das ausgiebigfte Hilfsmittel der Beförderung, gewiffermafsen eine Univerfaleifenbahn nach allen Richtungen hin. Man kann fich die ungeheuere Erfparnifs von Zugkraft auf den guten Schlittenbahnen kaum vorftellen. Ein Pferd zieht darauf ohne Mühe mit doppelter Schnelligkeit das Dreifache feiner fonftigen Laft. In Rufsland ift der Schlitten nicht etwa ein Luxusmöbel für ein paar Wochen, fondern ein höchft wichtiges Stück Fahrnifs für den täglichen Gebrauch. Die Form der Miethfchlitten ift diefelbe wie die der Herrfchaftsfchlitten, nur find letztere natürlich eleganter ausgeftattet, bemalt, tapezirt. Der Luxus wird in der Kleidung des Kutfchers, der Schönheit und Schnelligkeit des Pferdes gefucht und geübt. Der Schlitten par excellence ift die *Troika*, das Dreigefpann, ein ruffifches Nationalfuhrwerk. Sie ift ein grofser Schlitten, in dem vier Perfonen einander gegenüber fitzen können, und mit drei Pferden befpannt, von denen das mittlere mit Kummt und Duga (Bogenjoch) in der Gabeldeichfel geht. Die beiden anderen ziehen jedes nur an einem äufseren Stricke und find mit einem langen Riemen an den Kummt des Mittelpferdes gebunden. Vier Leitfeile genügen zur Lenkung der drei Thiere, denn die beiden Aufsenpferde haben nur je eines. Es ift ein prächtiger Anblick, in der Promenadezeit diefe Troiken über den Admiralitätsplatz und die Newfky-Perfpective hinfahren zu fehen. Das Mittelpferd trabt geradeaus, die Seitenpferde fpringen und galoppiren nebenher und nach auswärts. Der rechte Winter in *St. Petersburg* gilt als angebrochen, wenn das Thermometer 10 bis 20 Grad

Kälte anzeigt. Die Luft ift dann kalt und fchneidend, aber gefund, der Himmel klar, die Pferde an dem Schlitten dampfen und fchnauben wie die Drachen der Fabel; diejenigen auf den Standplätzen an ihren Futtertrögen find von Reif bedeckt, der wieder verdampft, fobald fie im Laufe find. Diefer Temperaturwechfel fchadet aber den kleinen abgehärteten Pferden nichts. Man legt auch nur den edlen koftbaren Pferden Decken auf.

* * *

Die *Newa*, die im Sommer ihre klaren, von zahllofen Schiffen durchfurchten, bei Nacht den Lichtfchimmer der prächtigen Quais wiederftrahlenden Fluthen in breiter Strömung dem finnifchen Meerbufen zuwälzt, bietet im Winter einen ganz verfchiedenen Anblick dar. Sie geht beim Einbruch des Winters im November einige Tage lang mit Eis, bald bildet fich ein Eisftofs und der Strom gleicht nun einer weiten fchneebedeckten Thalmulde, aus der da und dort die Mafte der eingefrorenen Schiffe emporragen, oder Pfähle, die zum Wafferfchöpfen ins Eis gehauene Löcher anzeigen. Aus diefen dampft das Waffer, das nun wärmer ift als die Luft, wie aus Keffeln empor. Wie auf der Donau, wenn fie eine Eisdecke trägt, werden auf dem Eife Wege für die Fufsgänger mit Tannenbäumchen abgefteckt und für Schlitten und Fuhrwerke Brettereinfahrten vom Ufer auf das Eis gelegt. Wenn man da auf der Verkündigungs- oder Nikolaus-Schiffbrücke fteht, deren beide beweglichen Theile in der Mitte in einem Winkel zufammentreffen und dort eine kleine, hübfche, dem hl. Nikolaus geweihte Kapelle tragen, fo fieht man zur Rechten ftromaufwärts über den englifchen Quai hinweg die fünf fpitzen, vergoldeten Thürme der Kirche der berittenen Garde emporragen, weiterhin die Kuppel von St. Ifaak, der von Diamanten ftrahlenden Krone eines der hl. drei Könige vergleichbar, die glänzende Thurmfpitze der Admiralität und eine Ecke des Winterpalaftes. Im Hintergrunde, mehr zur Linken zeigt fich die fchlanke Spitze der Peter- und Pauls-Kirche, deren vergoldetes Kreuz an fonnigen Tagen weithin in dem Himmelblau über den Mauern der, Feftung erglänzt. Prächtige Häuferreihen fäumen auch auf der Seite von Waffili-Oftrow, der linken, wenn man flufsaufwärts fchaut, den Strom ein. Vor der Börfenbrücke fendet die Akademie, ein grofser Palaft im claffifchen Stile, eine koloffale Steintreppe, die mit zwei Sphinxen gefchmückt ift, an das Newa-Ufer herab. Weiter aufwärts theilt fich der Strom in die grofse und kleine Newa, man kommt an die breite Esplanade, welche im Halbkreife die Feftung umfchliefst. An den beiden der Newa zugekehrten Enden derfelben ragen zwei Leuchtthürme empor, eigentlich mit Schiffsfchnäbeln und Ankern gefchmückte riefige Säulen aus rofarothem Granit auf Sockeln, die mit fitzenden Figuren umgeben find. Auf ihrer Spitze erheben fich die ehernen Laternen für die Leuchtfeuer. Zwifchen zwei Roftren hindurch fieht man, immer noch auf Waffili-Oftrow, die Börfe, eine Nachbildung des Parthenon, wie die Parifer Börfe, nur dafs die Säulen dorifch find. Rechts und links machen die Univerfität und das Zollhaus, Gebäude von regelmäfsiger einfacher Bauart, einen fymmetrifchen Abfchlufs. In der kleinen Newa überwintern maffenhaft Schiffe und Barken. Geht man auf der grofsen Stadtfeite am Winterpalafte, der Eremitage und dem Marmorpalafte aufwärts bis zur Troitfky-Brücke und wendet fich da um, fo hat man die eben befchriebene Anficht, die Gabelung des Stromes in die kleine und grofse Newa, die Roftren an den Enden der Esplanade, die Börfe u. f. w. vor fich.

Die Newa wird im Winter, wo fie faft fechs Monate lang eine zwei bis drei Fufs dicke Eisdecke trägt, zu einer zweiten Newfky-Perfpective. Fufsgänger durcheilen die weite Bahn nach allen Richtungen und an fchönen Tagen tummeln fich Schaaren von Schlittfchuhläufern und Schlitten auf dem Eife. Sie gibt fogar einen Rennplatz ab, wie man fich keinen grofsartigeren denken kann. Zwifchen der Admiralität und dem Winterpalafte führt eine Rutfche aus Brettern vom Quai auf die Newa hinab. Mehrere Reihen von Schlitten machen bei folchen Gelegenheiten Queue, bis die Reihe zum Hineinfahren an fie kommt. Die Rennbahn ift mit Stricken, die durch ins Eis eingelaffene Pfähle getragen werden, fowie durch Tannenbäumchen eingefchloffen und an den günftigften Punkten mit hölzernen Tribünen eingefäumt. Der Zudrang ift ungeheuer. In zwei bis drei Reihen ftehen die Schlitten aller Art die Rennbahn entlang, die Infaffen fteigen, um beffer hinfehen zu können, auf die Sitze und den Bock. Näher an der Barrière ftehen Mufchiks in Schafpelzen und Filzftiefeln, Soldaten in grauen Mänteln und andere Zufchauer, die keinen befferen Platz fanden. Es ift ein wahres Menfchengewimmel auf der Eisdecke, unter der fich der breite Strom dahin wälzt. Aufserhalb des Rennplatzes üben Pferdewärter die Renner, die noch nicht gelaufen find, ein, oder führen die Pferde, die eben ein Rennen mitgemacht, zur allmäligen Abkühlung unter Decken hin und her.

Die Rennbahn felbft bildet eine ein paar Kilometer oder Werft lange Fläche. Die Schlitten gehen nicht in einer Reihe ab, fondern find in gleichen Zwifchenräumen aufgeftellt, welche durch die gröfsere oder geringere Schnelligkeit der Rennpferde vermindert oder vergröfsert werden. Die Rennpferde an den Schlitten dürfen blos traben; wenn fie in den Galopp übergehen, fo find fie von der Preisbewerbung ausgefchloffen. Manche haben aber einen fo fcharfen Trab, dafs Reiter, die mitunter zu ihrer Ermunterung nebenher galoppiren, kaum mit ihnen Schritt zu halten vermögen. Es ift ein prächtiger Anblick, diefe fchönen Thiere auf der rein gefegten, blanken Rennbahn von Eis dahin braufen zu fehen, mit dampfenden, gefenkten Nüftern, fchaumbedeckten Flanken und reifglänzenden Mähnen und Schweifen. Rückwärts geneigt halten die Kutfcher die Zügel in den Fäuften, denn die Pferde, die faft nichts zu ziehen haben und nicht in den Galopp übergehen follen, müffen mehr zurückgehalten als angetrieben werden und können fich in diefem Halt auch mehr gehen laffen. Ift das Rennen vorüber, fo leert fich das eisbedeckte Strombett, die Schlitten drängen fich zur Auffahrtsrampe; es fieht aus, wie wenn dunkle Sturmcolonnen einen Feftungswall erklimmen. Oben angekommen fliegen fie nach allen Richtungen auseinander, auf der Newa wird es ftill und wenn die Nacht hereinbricht, fo fieht man nur die an Stelle der Brücken über den Strom gezogenen Gasflammen-Reihen fchimmern.

Für Eisfport ift in *St. Petersburg* wie in ganz Rufsland durch den nordifchen Winter reichlich geforgt. Die Newa bildet

Monate hindurch die weiteften und fchönften Schlittfchuhbahnen. Eine ruffifche Eigenthümlichkeit find die *Rutfchbahnen*. Sie beftehen aus einem Holzpavillon, zu dem Stufen hinaufführen und von dem eine Rutfchbahn herabläuft. Diefe ift aus Brettern, die eine dicke Eiskrufte haben, gebildet; von der Plattform des Pavillons weg ziemlich fteil, wird fie in der halben Höhe faft eben und läuft dann horizontal fort. Zwei oder drei Perfonen fetzen fich auf der Plattform in einen Schlitten, den ein Führer vom Rückfitze aus lenkt, und fo geht die Fahrt faufend abwärts. Manche fahren allein auf einem kleinen Reitfchlitten oder irgend einem Vehikel, manchmal auf dem Bauche liegend, hinunter. Die Ruffen find in diefem Sport fehr gewandt und finden viel Vergnügen daran.

* * *

Eine Fahrt nach den *Infeln von St. Petersburg* hat auch im Winter ihren Reiz. Gleicht die Stadt im Sommer, von der Höhe des Admiralitäts- oder Feftungsthurmes aus gefehen, mit ihren grofsen, breiten Wafferftrafsen einem nordifchen Venedig, fo kann man fie im Winter ein „gefrorenes Venedig" nennen. Die Stromarme und Canäle haben fich in Eisfelder und fefte Strafsen verwandelt. Man überfetzt die Newa in Schlitten und kommt zunächft nach Waffili-Oftrow, das fich mit feinen langen, geraden Strafsen und vielen Staatsgebäuden von der grofsen Stadtfeite kaum unterfcheidet. Hat man aber einmal die letzten „Perfpectiven" von Waffili-Oftrow hinter fich, fo wird die Bauart eine andere; die Häufer find weniger hoch, durch eingeplankte Gärten von einander getrennt, der nationale Holzbau tritt an die Stelle des Ziegelbaues, die Gaffen werden zu Landftrafsen, an denen hohe Pfähle den Schlitten und Wanderern die Richtung in den weiten Schneefeldern bezeichnen. Es zeigt fich ein grofses Tannengehölz, an deffen Rand einige Reftaurationen (Traktirs) und Theehäufer ftehen, die auch im Winter viel befucht werden. Man kommt auf die Infeln Kreftowfky, Jelagin, Kameny, die zwifchen der grofsen und kleinen Newka liegen und unter fich durch kleinere Flufsarme getrennt find. Kreftowfky befonders ift wie der Wiener Prater von langen bis an das Meeresufer reichenden Alleen durchzogen und enthält, wie auch Jelagin und Kameny, eine Menge hübfcher Landhäufer, darunter auch ein paar kaiferliche Villen für den Sommeraufenthalt. Es find zumeift Holzbauten in fchönem, reichverziertem Stil. Eine gedeckte Veranda, die gleichfam ein offenes Zimmer bildet, nimmt die ganze Façade des ebenerdigen Stockwerkes ein. Hier hält man fich im Sommer Tags über auf zwifchen Blumen und Gefträuchen. Diefe Sommerhäufer werden bezogen, fobald der fpäte Frühling die erften fchönen Tage bringt, und verlaffen, wenn die Abende wieder kalt werden. Dann fchliefsen fich die Häufer wieder bis zum nächften Sommer. Im Winter aber nehmen fie fich in ihrer einfamen Stille auf den weiten Schneeflächen nicht minder malerifch aus. Ihre Holzverzierungen aus Schnitzereien und Laubfägenwerk erfcheinen im Schnee und Eis wie Silberfiligran.

VIERZEHNTER FEBRUAR.

Auf der Petersburger Infel zwifchen Newa und Newka, dem Hofquai und feinen Paläften gegenüber, liegt auf der rechten Seite der Newa, dort, wo fie fich in die grofse und kleine Newa theilt und oben von der Troitfky-Schiffbrücke, unten von der Palaftbrücke überfpannt wird, die *Peter-* und *Pauls-Feftung*, deren Hauptwerke nach Norden hin wiederum von einem kleinen Flufsarme umfchloffen find, fo dafs fie eine Infel für fich bildet. Jenfeits diefes Flufsarmes liegt noch ein Werk mit zwei Ravelins und eine breite Esplanade, die zur Linken den zoologifchen Garten, zur Rechten den Alexander-Park enthält. Die Feftung hat die Form eines länglichen Viereckes; die füdliche Längenfeite kehrt fie der Newa, beziehungsweife der grofsen Seite der Stadt, die nördliche der fogenannten Petersburger Seite auf der gleichnamigen Infel zu. Die Feftung hat vier Eckbaftionen und auf den Längenfeiten noch je eine Mittelbaftion, auf den fchmalen Seiten zwei Ravelins und vier Lünetten. Das Bemerkenswerthefte innerhalb der Feftung ift die Feftungskirche oder St. Peter- und Pauls-Kathedrale und in diefer felbft die kaiferliche Gruft. Die Kirche, 210 Fufs lang, 98 Fufs breit und 58 Fufs hoch mit einer kleinen Kuppel über dem Altar, ift reich gefchmückt mit Kriegstrophäen aller Art: Fahnen, Standarten, Schildern, Waffen, Schlüffeln eroberter Feftungen, aber auch mit Heiligenbildern und fonftigem Kirchenfchmucke von hiftorifchem, künftlerifchem oder innerem Werthe. Der weftliche Giebel der Kirche wird überragt von dem bis auf 112 Fufs Höhe viereckigen Thurm, auf deffen hoher, vergoldeter Pyramide ein goldfchimmerndes Kreuz in die Lüfte ragt, 387 Fufs über dem Pflafter, alfo weithin über Land und Meer fichtbar. Unter der Kirche befindet fich die *kaiferliche Gruft*. Nahe beim Südportale derfelben ruhen in einem Gewölbe *Peter* der Grofse und feine Gemalin *Katharina I.*, diefem Grabgewölbe gegenüber auf der nördlichen Seite fteht der Marmorfarg des Kaifers NIKOLAUS, unweit davon die Särge feiner Gemalin der Kaiferin *Alexandra* und feiner älteren Brüder *Alexander I.* und Grofsfürft *Conftantin*. Der zuletzt beigefetzte Sarg ift jener der Grofsfürftin *Helene*, geb. Prinzeffin von Württemberg, geft. 1873, der vorletzte der des 1865 zu Nizza im 21. Lebensjahre verftorbenen Grofsfürften *Nikolaus Alexandrowitfch*, des älteften Sohnes *Alexanders II*.

Seine Majeftät der KAISER begab fich am 14. Februar Vormittags in die St. Peter- und Pauls-Kathedrale der Feftung, um dort die *Kaifergruft* zu befichtigen. Se. Majeftät legte auf das Grab des Kaifers NIKOLAUS einen Lorbeerkranz nieder.

Später befuchte Se. Majeftät der Kaifer alle Grofsfürften und fonftigen Mitglieder der ruffifchen Kaiferfamilie, die in *St. Petersburg* anwefenden fremden Prinzen und die accreditirten Botfchafter der auswärtigen Mächte.

Um 6 Uhr Abends fand Diner bei Ihrer Majeftät der KAISERIN von Rufsland ftatt.

Nach dem Diner fuhren die Allerhöchften Herrfchaften zu der *Galavorftellung* im grofsen Theater.

Das grofse Theater und das Marien-Theater liegen einander gegenüber auf einem Platze zwifchen dem Moika- und Katharina-Canal, im zweiten Stadtquartier. Zwifchen ihnen fteht auf einem der gröfsten Plätze *St. Petersburgs* die unter *Elifabeth* und *Katharina II.* erbaute, in zwei Etagen, die Sommer- und die Winterkirche, eingetheilte Kirche des heiligen Nikolaus, des Patrons der Seeleute. Der Platz um die Kirche ift mit Bäumen bepflanzt, und mit einem Gitter umgeben. Das grofse Theater, ein Steinbau, wurde 1784 auf Befehl der Kaiferin *Katharina II.* erbaut, unter *Paul I.* und *Alexander I.* umgeftaltet und erweitert. Dasfelbe fafst 3000 Zufchauer, es hat fünf Logenreihen und eine Galerie. Die grofse Hofloge, der Bühne gerade gegenüber, nimmt die Mitte der erften und zweiten Logenreihe ein, fie ift zwei Reihen hoch. Reichvergoldete Schäfte tragen die fchweren Sammtvorhänge, die von Goldfchnüren zurückgehalten werden; oben an der Loge prangt der Doppeladler mit den ausgebreiteten Flügeln und einem Collier von Länderwappen. Das Parterre ift von einem Mittelgange durchfchnitten und von einem Gange im Halbkreife umgeben. Die Logenbrüftungen und die Decke find mit Stuccatur und gemalten Medaillons reich verziert. Das Mufchel-, Laub- und Blumenwerk ftrahlt in den Vergoldungen den Lichterglanz der Kronleuchter wieder, der allgemeine Eindruck des inneren Theaterraumes ift frifch, lebendig und kräftig; Sammt, Gold und Licht find reichlich vorhanden.

Lange vor Beginn der Vorftellung erglänzten die Hauptftrafsen, durch welche die Zufahrt zum grofsen Theater erfolgte, in prächtigfter Beleuchtung. Überall waren Gafterne, flammende Namenszüge, Büften der Majeftäten, wie überhaupt alle Formen von Illuminationsobjecten angebracht. In den Strafsen wogte die Menge auf und ab und gab fich überall eine erhöhte Stimmung kund.

Die Foyers des Theaters waren vereinigt und in Einen grofsen Saal umgeftaltet, der mit tropifchen Pflanzen, aus welchen Marmorftatuen hervorfchauten, und an den Wänden mit Gobelins gefchmückt war. Gegen 9 Uhr fuhren die Majeftäten und anderen fürftlichen Herrfchaften bei der Seitenloge vor und durchfchritten die in einen Lorbeerhain verwandelten Säle bis zur Hof-Mittelloge. Nach Öffnung der Flügelthüren bot den Eintretenden das a giorno erleuchtete, mit einer glänzenden Verfammlung gefüllte Haus einen feenhaften Anblick.

Das Orchefter intonirte die öfterreichifche Volkshymne, die von der Verfammlung, gegen die Mittelloge gewendet, ftehend angehört wurde. Se. Majeftät der Kaifer, bei Seinem Erfcheinen mit dreimaligem Hurrah begrüfst, dankte wiederholt, an die Logenbrüftung vortretend, verbindlichft, worauf fich die ftürmifchen Acclamationen wiederholten. Beide Kaifer liefsen Sich nunmehr auf den Mittelfitzen der Loge nieder und nahmen rechts zur Seite Sr. Majeftät des Kaifers von ÖSTERREICH: die Grofsfürftin - THRONFOLGERIN, der Prinz von WALES, die Grofsfürftin ALEXANDRA JOSEFOWNA (Gemalin des Grofsfürften CONSTANTIN), der Grofsfürft-THRONFOLGER und die Herzogin von EDINBURG ihre Plätze. Zur Linken Sr. Majeftät des Kaifers von RUSSLAND fafsen die Prinzeffin von WALES, der Kronprinz von DÄNEMARK, die Grofsfürftin KATHARINA MICHAILOWNA, die Prinzeffin MARIA von Baden und die Prinzeffin EUGENIE von Oldenburg.

In der zweiten Reihe fafsen die Grofsfürften CONSTANTIN und NIKOLAUS NIKOLAJEWITSCH, Grofsfürft WLADIMIR, Prinz PETER von Oldenburg und Herzog von EDINBURG. Im Fond der Loge befanden fich Graf *Andrássy*, Fürft *Gortfchakoff* und Generaladjutant Graf *Bellegarde*. Andere Mitglieder der kaiferlichen Familie befanden fich in der kaiferlichen Seitenloge links an der Bühne. Links von der kaiferlichen Mittelloge fafs die militärifche und diplomatifche Suite des Kaifers von Öfterreich, und zwar Generalmajor Graf *Pejacfevich*, Staatsrath Baron *Braun* und Sectionschef Baron *Hofmann*. In den rechtsfeitigen Logen waren das diplomatifche Corps und die Flügeladjutanten vertheilt. In einer Loge des dritten Ranges war die Gefandtfchaft von Bokhara zu bemerken. Das Parterre war ausfchliefslich von Herren, zumeift in Uniformen, befetzt.

Die Logen des grofsen Theaters find nur bis zur Brüftung abgetheilt, fo dafs die ganze Reihe wie eine offene Galerie ausfieht. Das Theater zählt fünf folcher Logenreihen. Da die erften Reihen nur von Damen in grofser Toilette befetzt waren, bot das Haus, als Alles fich erhob, einen frappant fchönen Anblick.

Kaifer FRANZ JOSEPH trug die Uniform Seines ruffifchen Uhlanen-Regiments mit dem Bande des Andreas-Ordens. Der Kaifer von RUSSLAND und die Grofsfürften trugen die Uniform ihrer öfterreichifchen Regimenter mit dem Bande des Stephans-Ordens. Zur Darftellung gelangte der erfte Act der „Traviata" mit der *Patti* und *Naudin* und der zweite Act des Ballets „Le Roi Candaules". In den Zwifchenacten wurden Erfrifchungen gereicht und ftrömte Alles nach dem Foyer.

FÜNFZEHNTER FEBRUAR.

St. Petersburg befitzt unter feinen 150 Kirchen, in denen in 15 Sprachen gepredigt wird, auch drei katholifche. Die St. Katharina-Kirche an der Newfky-Perfpective ift die *Kathedralkirche* des Erzbisthums *Mohilew*. Sie wurde unter *Katharina II.* erbaut, im Jahre 1783 von dem damaligen päpftlichen Nuntius am ruffifchen Hofe eingeweiht und dem erften katholifchen Erzbifchofe von *Mohilew* Msgr. *Sieftrzenzewicz* übergeben. In der Kirche ift der letzte König von Polen *Stanislaus Auguft Poniatowfki*, geft. 1798, und der 1813 an der Seite des Kaifers *Alexander I.* gefallene General *Moreau* begraben.

In diefe katholifche Kathedrale begab Sich Se. Majeftät der KAISER am 15. Februar Vormittags, um dem *Gottesdienfte* beizuwohnen. Schon vom frühen Morgen an drängten fich Volksmaffen um das Gotteshaus, und gegen 10 Uhr war die Paffage für Equipagen kaum mehr möglich. Präcife um 10 Uhr erfchien Se. Majeftät mit Seinem Gefolge bei der Kirche, wo Er auf dem oberften Abfatze der Paradetreppe von dem Erzbifchof von *Mohilew* und Metropoliten aller katholifchen Kirchen in Rufsland *Fialkowfki*, allen Prälaten und der übrigen Geiftlichkeit, gegen 60 Priefter an der Zahl, empfangen wurde. Vier Cleriker hielten einen Baldachin aus carmoifinfarbenem Sammt unmittelbar an der Eingangsthüre, fo dafs Se. Majeftät, über die Schwelle getreten, unter einem Baldachin ftand. Der Erzbifchof befprengte den Kaifer mit Weihwaffer und reichte Ihm das Kreuz zum Küffen, worauf fich der ganze Zug in feierlicher Proceffion in die Kirche begab, voran die Cleriker, dann die Prälaten und anderen Geiftlichen. Nachdem Se. Majeftät fodann Seinen Platz neben dem

Throne des Erzbifchofes eingenommen, begrüfste diefer den Kaifer in einer kurzen Rede in polnifcher Sprache. Der Gottesdienft währte ungefähr eine Stunde, und die gefammte Geiftlichkeit geleitete dann in derfelben Ordnung den Kaifer zur Ausgangsthüre, wo Derfelbe abermals mit Weihwaffer befprengt wurde und dem Erzbifchofe mit einem Händedrucke dankte.

Hierauf begab Sich Se. Majeftät der Kaifer zur *Parade* in die *Michael-Manège*.

Die Strenge des nordifchen Winters machte in *St. Petersburg* die Anlage gedeckter Exercierplätze und Reitfchulen dringender als anderwärts zum Bedürfniffe. Es gibt mehrere folcher Manègen, die der Garde zu Pferde z. B., die neueftens nach umfaffenden Reftaurationsarbeiten wieder zur Benützung eröffnet worden ift.

An der Kirchenparade in der Michael-Manège nahmen aufser dem Preobrafchenfkifchen Garde-Regimente Deputationen aller anderen Regimenter und Truppenabtheilungen der Garnifon, fowie das gefammte Officierscorps, alfo mehrere Taufend Mann Theil. Die Manège, ein faft unabfehbares Oblong, deffen Bedachung ganz auf den Seitenwänden ruht und durch keinerlei Mittelpfeiler unterftützt wird, bot mehr als Raum genug zur Aufftellung wie zur Defilirung, die bei den Deputationen der Reiter-Regimenter zu Pferde erfolgte.

Seine Majeftät der KAISER trug die ruffifche Generaluniform mit dem Andreas-Bande. Auch der Prinz von WALES und der Herzog von EDINBURG, Letzterer in der Uniform des Jamburgifchen Uhlanen-Regiments, wohnten der Parade bei.

Nach derfelben ftellte Se. Majeftät der Kaifer von RUSSLAND das Perfonal Seines Hauptquartiers, die Befehlshaber der Gardetruppen und des St. Petersburger Militärbezirkes Seinem kaiferlichen Gafte vor.

Abends 6 Uhr fand in den Appartements der ruffifchen Majeftäten ein *Galadiner* zu 220 Gedecken ftatt. Se. Majeftät der KAISER fafs in der Mitte und hatte zu Seiner Rechten die Kaiferin von RUSSLAND, den Prinzen von WALES und die Grofsfürftin-THRONFOLGERIN. Zur Linken fafs Se. Majeftät der Kaifer von

Russland, die Prinzeſſin von Wales und der Grofsfürſt-Thron-
folger. An dem Diner nahmen ferner Theil fämmtliche Mitglieder
der kaiferlichen Familie, die anwefenden fremden Prinzen und
Prinzeſſinen, die oberſten Hofchargen, die Miniſter, fremden Botfchafter und die Suite Sr. Majeſtät. Se. Majeſtät der Kaiser von
Russland bewillkommnete zuerſt den Kaifer von Öſterreich mit
folgendem Toaſte:

„*Je bois à la ſanté de mon ami l'Empereur François Joſeph,
que nous ſommes heureux de voir au milieu de nous. Dans l'amitié,
qui nous lie tous les deux avec l'Empereur Guillaume et la Reine
Victoria, je reconnais la plus ſure garantie de la paix en Europe,
ſi déſirée par tous et ſi indispenſable à tout le monde.*“

Hierauf erhob Sich Se. Majeſtät der Kaiser und brachte
folgenden Toaſt aus:

„*Plein de gratitude de l'accueil amical, que j'ai trouvé ici, et
partageant ſincèrement les vues et les ſentiments exprimés tout à
l'heure par mon auguſte ami, je porte la ſanté de S. M. l'Empereur, de S. M. l'Impératrice et de toute la famille Impériale. — Que
Dieu les béniſſe.*“

Während des Diners fpielte ein Mufikcorps der Garde.

SECHZEHNTER FEBRUAR.

Am 16. Februar Vormittags befichtigte Se. Majeftät der KAISER die *Ingenieur-Akademie* (Académie militaire du génie).

Kaifer *Paul* liefs in den Jahren 1796 bis 1799 mit einem Aufwande von etwa 6 Millionen Rubel am Fontanka- und Moika-Canal, dem Sommergarten gegenüber, einen Palaft erbauen, den er zu feiner Refidenz einrichten und zugleich zu einer kleinen Feftung mit Waffergraben, Zugbrücken, Kanonen, bewehrten Parapeten geftalten liefs. Seiner Vorliebe für den Maltefer-Orden gemäfs wählte der Kaifer für den Bau auch den Stil der Ritterzeit, nämlich den gothifchen, durch den der Palaft von allen anderen Bauwerken *St. Petersburgs* abfticht. Der Palaft ift vier Stockwerke hoch; das oberfte trägt eine Zinne. In diefem Palafte befindet fich jetzt die Ingenieur-Akademie, an deren Spitze der Adjunct des General-Infpectors des Geniewefens Grofsfürften NIKOLAUS NIKOLAJEWITSCH, Ingenieur-General E. v. *Tottleben*, der berühmte Vertheidiger *Sebaftopols*, fteht. Es ift hier die reiche Sammlung der Schriften, Karten und Pläne des Geniecorps und was fonft noch zu einer militärifchen Lehranftalt diefer Branche der Kriegswiffenfchaft gehört, untergebracht. Der Bau zeigt noch ganz die Pracht einer kaiferlichen Refidenz: Marmortreppen, grofse, fchöne Säle mit Decken- und Wandgemälden und an den vier Façaden Säulenhallen, Nifchen u. f. w. Das Sterbezimmer des Kaifers *Paul* ift in eine Kapelle verwandelt. Vor dem Palafte fteht ein zweites Reiterftandbild *Peters I.*, eine Nachbildung von Marc Aurels-Reiterftatue auf dem Capitol in Rom. *Paul I.* liefs dasfelbe 1800 feinem Vorfahren fetzen.

Seine Majeftät der Kaifer wurde in der Genie-Akademie vom Grofsfürften NIKOLAUS, dem Kriegsminifter *Millutin* und dem General *Tottleben* empfangen.

Seine Majeftät der Kaifer befichtigte die Säle und Einrichtungen der Akademie. General *Tottleben* fetzte vor einem grofsen Relief von *Sebaftopol* die Belagerung der Feftung in feiner eben fo klaren und geiftvollen als befcheidenen Weife auseinander. Se. Majeftät dankte dem General, deffen Vortrag eine halbe Stunde dauerte, wärmftens.

Hierauf begab Sich Se. Majeftät der Kaifer nach der *Kafan*- und der *St. Ifaaks-Kirche*.

Die Kirche der heiligen Jungfrau von *Kafan*, fo benannt nach einem im Jahre 1579 nach Kafan und von da 1821 nach *St. Petersburg* gebrachten Marienbilde, erbaut in den Jahren 1802 bis 1811 mit einem Aufwande von $2^1/_2$ Millionen Rubel, liegt an der Newfky-Perfpective und ift eine Nachahmung der Peters-Kirche zu Rom, doch in kleinerem Mafsftabe. Sie bildet ein Kreuz, deffen Längenaxe 280, deffen Queraxe 180 Fufs beträgt. Unter der Kreuzung erhebt fich auf vier Pfeilern eine Kuppel, 230 Fufs hoch, und auf diefer ein vergoldetes Kreuz. Die Kirche hat im Inneren 56 Säulen von 35 Fufs Höhe — Monolithen aus finnifchem Granit, die Sockel und Capitäler von Bronze — dann bronzene Thüren und einen marmornen Fufsboden. Die Bilderwand (Ikonoftafe) und die Baluftrade an den Treppen zum Chor find von gediegenem Silber (mehr als 3000 Pfund), ein Weihegefchenk der donifchen Kofaken aus der Kriegsbeute der Feldzüge von 1812 bis 1815. An den Säulen und Wänden der Kirche find viele Kriegstrophäen angebracht, Fahnen, türkifche, perfifche, deutfche, franzöfifche Feftungsfchlüffel etc. Wie die Peters-Kirche in Rom, fo hat auch ihre Nachbildung, die *Kafan-Kirche*, zum Vorbau zwei Säulenhallen, die halbkreisförmig den Vorhof umfchliefsen. An den Aufsenflügeln diefer Colonnaden ftehen die Bronzeftatuen der aus den Kriegen gegen Napoleon bekannten Feldmarfchälle *Kutufow* und *Barclay de Tolly* auf Granitfockeln. Letztere find 9 Fufs, die Standbilder 10 Fufs hoch. Sie wurden von Profeffor *Orlowfky* modellirt, von *Ekinow* gegoffen und im Jahre 1836 aufgeftellt.

Die prächtigfte Kirche *St. Petersburgs* ift die *Ifaaks-Kirche*. Diefelbe ift dem heiligen Ifaak von Dalmatien, der unter den oftrömifchen Kaifern Valens und Theodofius lebte, gewidmet, und in der Zeit von 1819 bis 1858 von dem franzöfifchen Architekten *Ricard de Montferrand* mit einem Aufwande von etwa 45 Millionen Rubel erbaut worden. Sie ift in Kreuzform gebaut, die Längen- und die Queraxen find je 190 Fufs lang. Die vier gleichen Arme des Kreuzes tragen vier mit Säulen gefchmückte Kuppeln und auf der Kreuzung felbft erhebt fich die 74 Fufs weite Hauptkuppel, die eine den ganzen Bau im Kleinen wiederholende Laterne trägt und bis zur Spitze des zu oberft thronenden Kreuzes 300 Fufs hoch ift. An jedem der vier Kreuzesarme führt eine breite Granittreppe in drei Abfätzen zu hohen Säulenhallen hinan. Der der Newa zugekehrte Porticus hat 16 Säulen, ebenfoviele der entgegengefetzte; zwei Doppelreihen von je vier Säulen mit korinthifchen Bronzecapitälern tragen auf jeder Seite des Einganges den Plafond und den dreieckigen Giebel, deffen Architrav auf den vorderen acht Säulen ruht. Die zwei anderen Kreuzarme nach Weften und Often haben nur je eine Reihe von acht Säulen; an dem öftlichen ift auch kein Eingang, da in diefem Kreuzesarme der Hauptaltar und die Ikonoftafe (die Bilderwand vor dem Presbyterium und Hauptaltar) fich befinden. Alle 48 Säulen find Monolithen aus röthlichem, polirtem Granit, 60 Fufs hoch und 7 Fufs dick, in Finnland gebrochen. Die Hauptkuppel über der Kreuzung der Kirche wird von 24 Säulen mit bronzenen Sockeln und Capitälern getragen und umgeben, die je 30 Fufs hoch und ebenfalls Monolithen find. Auf diefen Säulen, zwifchen denen 12 Fenfter Licht in das Innere der Kuppel entfenden, ruht ein kreisrundes Gefims und auf diefem eine Baluftrade, die durch 24 Piedeftale, auf denen Engel ftehen, unterbrochen wird. Über dem Gefimfe beginnt die Wölbung der Kuppel, deren Kupferdach vergoldet ift, und deren Rippen auf die Säulenknäufe zulaufen. Über der ganz vergoldeten, mit kleinen Säulen umgebenen Laterne erhebt fich das koloffale vergoldete Kreuz auf einem Halbmonde. Wie die weithin fichtbare Hauptkuppel, fo haben auch die vier anderen Kuppeln vergoldete Kupferdächer. Das

Innere der Kirche ift reich mit Marmor, Jaspis, Malachit, Lapis Lazuli, Gold und Bildern gefchmückt. Die letzteren, mehr als 200 an der Zahl, find theils al fresco, theils auf Leinwand von berühmten Künftlern gemalt. Die Wölbung der Hauptkuppel wird von einem Bilde der heiligen Jungfrau, umgeben von Johannes dem Täufer, Johannes dem Evangeliften und den Namenspatronen der kaiferlichen Familie geziert; auf der grofsen Ikonoftafe befinden fich 33 Bilder auf Goldgrund in drei Reihen. Die ganze übrige Einrichtung im Inneren entfpricht diefer Pracht und ebenfo der Bilderfchmuck, die Basreliefs, Gruppen und Statuen in Bronze aufsen an der Kirche, in den Giebelfeldern, Nifchen etc.

Seine Majeftät der Kaifer befuchte um 1 Uhr Nachmittags das im Gebäude der Haupt-Admiralität befindliche *Marine-Mufeum*, wo Se. Majeftät durch Se. kaiferliche Hoheit den General-Admiral Grofsfürften CONSTANTIN, durch den Leiter des Marine-Minifteriums, Generaladjutanten *Krabbe*, den Adlatus desfelben, Generaladjutanten *Leffowfky*, empfangen wurde. Die Befichtigung währte länger als eine Stunde. Se. kaiferliche Hoheit der Grofsfürft CONSTANTIN machte Se. Majeftät auf alle befonders beachtenswerthen Gegenftände perfönlich aufmerkfam.

Seine Majeftät der Kaifer geruhte *Nachmittag* um 4 Uhr das diplomatifche Corps zu empfangen. Die Botfchafter wurden von Sr. Majeftät einzeln empfangen, die Gefandten von dem öfterreichifch-ungarifchen Gefandten im Cercle vorgeftellt.

Abends fpeifte Se. Majeftät der Kaifer en famille bei Sr. kaif. Hoheit dem Grofsfürften CONSTANTIN NIKOLAJEWITSCH und wohnte fpäter dem *Balle* bei Sr. kaif. Hoheit dem Grofsfürften-THRONFOLGER bei.

SIEBZEHNTER FEBRUAR.

Am 17. Februar Vormittags fand eine Parade und Production einer Abtheilung des *Pompiers-Corps* auf dem Marsfelde vor Sr. Majeftät dem KAISER ftatt. Das *Pompiers-Corps*, einige Taufend Mann ftark, fteht unter einem eigenen „Brandmajor" (Major des Incendies) und unter der Oberleitung des Polizeipräfecten. Jedes der dreizehn Stadtquartiere hat feine Feuerwehrabtheilung, die mit Spritzen, Wafferwagen und den fonftigen Geräthfchaften in fortwährender Feuerbereitfchaft ift. Im Winter fahren die Spritzen und Wafferfäffer auf Schlitten unter dem Schellengeklingel der Pferde in faufender Eile durch die Stadt. Feuersbrünfte waren früher, wo noch ungemein viele Holzbauten in der Stadt beftanden, fehr häufig und richteten mitunter furchtbare Verheerungen an, fie kommen aber in kleinerem Umfange auch jetzt noch oft vor. Das Defiliren der vortreflich befpannten Spritzen, Wagen und der Mannfchaft, wie die Bekämpfung eines imaginären Brandes, fand allgemeine Anerkennung.

Hierauf begab fich Se. Majeftät der Kaifer nach der *Bergakademie* (Académie des Mines), wo Se. Majeftät vom oberften Chef des Inftitutes, dem Minifter der Reichsdomänen P. A. *Walujew* empfangen wurde. Nachdem Se. Majeftät das Mufeum, das Laboratorium und das Mufterbergwerk des Inftitutes genau in Augenfchein genommen, überreichte Minifter *Walujew* Sr. Majeftät dem Kaifer im Namen des Berginftitutes mehrere Exemplare von Waffen, die in den Fabriken von *Slatouft* angefertigt werden, ein Stück des Minerals „Alexandrit", das zur Erinnerung an das hundertjährige Jubiläum des Berginftitutes erfchienene Buch

„Wiſſenſchaftlich-hiſtoriſches Magazin" und die bei derſelben Gelegenheit geprägte Medaille.

Die *Bergakademie,* ein groſses Gebäude am rechten Newa-Ufer auf Waſſili-Oſtrow, mit einer Façade von 12 Säulen, einer groſsen, mit zwei koloſſalen Bildſäulen geſchmückten Steintreppe, iſt Lehranſtalt und Muſeum zugleich und erfreut ſich in beiden Beziehungen eines groſsen Rufes. Von *Katharina II.* 1773 gegründet, feierte ſie im verfloſſenen Winter mit groſsem Gepränge und unter Theilnahme der berühmteſten Schweſteranſtalten des Auslandes das Feſt ihres hundertjährigen Beſtandes. Als Schule iſt ſie für 250 Zöglinge eingerichtet, die hier Unterricht und Verpflegung auf Staatskoſten erhalten, mit Unterrichtsmitteln aufs Reichlichſte verſehen ſind und dem Ingenieurſtabe des ruſſiſchen Bergweſens fortwährend einen trefflichen Nachwuchs liefern. Als Muſeum iſt ſie eine der reichſten mineralogiſchen Sammlungen der Welt, ein geologiſches Spiegelbild des ruſſiſchen Reiches. Lappland und Finnland, das Waldai-Gebirge, der Ural, Kaukaſus und Altai, die Bergwerke Sibiriens, die Fundſtätten an der Küſte des Eismeeres und auf Kamtſchatka haben die ſchönſten Proben und Funde in dieſe Sammlung geliefert und vermehren dieſelbe noch alljährlich. Topaſe von jeder Farbenſchattirung, Türkiſe, Rubine, Smaragde, Onyx-, Achat- und Lazurſteine, Bergkryſtalle, alle Arten von Marmor, Granit und Porphyr ſind hier reichlich und in den ſchönſten, koſtbarſten Exemplaren vertreten; Goldquarze und Goldklumpen imponiren durch ihre Gröſse. Reichlich vertreten iſt auch das edle Geſtein der ſarmatiſchen und ſibiriſchen Tiefebenen, der grüne Malachit, dann das ſpecifiſch ruſſiſche Edelmetall, das Platina. Beſonders ſehenswerth iſt im Erdgeſchoſſe die Nachbildung der Bergwerke von Perm im Ural mit genaueſter Darſtellung aller Einzelnheiten, ein Lehrmittel und Ausſtellungsgegenſtand zugleich, in groſsem Maſsſtabe ausgeführt. Man tritt in dunkle, feuchte, von Grubenlichtern ſchwach erleuchtete Schachtgänge, ſieht die Lagerung der Schichten, die Metalladern, Figuren von Grubenarbeitern mit Lichtern und Hacken und kann den ganzen Proceſs vom Losbrechen der Erzſtufen bis zum Schmelzen des Metalles verfolgen.

Beim Verlaffen des Inftitutes geruhte Se. Majeftät der Kaifer Seine vollkommene Befriedigung auszufprechen.

Hierauf fuhr Se. Majeftät der Kaifer nach der *Eremitage*, um dafelbft die Sammlungen zu befichtigen. Se. Majeftät wurde dafelbft von den Directoren der Anftalt ehrfurchtsvoll empfangen und durch die Säle geleitet.

Die Sammlungen der Eremitage find mannigfaltiger Art, alle reich und koftbar. Die Eremitage enthält aufser den Hofzimmern und dem Eremitagetheater eine Bibliothek von mehr als 100.000 Bänden, eine Gemäldegalerie, eine Gemmen- und Münzenfammlung, eine Galerie antiker Sculpturwerke und eine Sammlung von Alterthümern aus der gefchichtlichen und vorgefchichtlichen Zeit Rufslands, namentlich auch aus der Zeit, in welcher die Scythen der Donau-, Don- und Dniepr-Landfchaften mit den griechifchen Colonien am schwarzen Meere und in der Krim in Berührung kamen.

Befonders die Sammlung von *fcythifchen Alterthümern* aus den Landfchaften am schwarzen Meere, im südweftlichen Sibirien und am Jaxartes, dem heutigen Amu-Darja, ift reichhaltig und fehr intereffant, fowohl in ethnographifcher Beziehung als durch die fichtbaren Berührungspunkte mit der griechifchen Kunft.

Die bedeutendfte griechifche Colonie in der Nähe der Scythen war Pantikapäon, das heutige Kertfch in der Krim, an der das afow'fche und schwarze Meer verbindenden Meerenge, dem kimmerifchen Bosporus der Alten. Kertfch befitzt nicht nur zahlreiche und gut erhaltene Baudenkmale und Alterthümer aus griechifcher Zeit an Ort und Stelle, fondern es hat auch aus feinen griechifchen Ruinen und Tempeln und aus den pontifchen Grabhügeln mithridatifcher Zeit den Sammlungen der Eremitage reiche und intereffante Beiträge geliefert, die in einem eigenen Saale vereinigt find.

Die Sammlung von *Sculpturen* aus dem Alterthume: Statuen, Büften, Basreliefs Mofaiken, Vafen, Sarkophagen, umfafst etwa vierhundert Stücke, darunter viele Werke erften Ranges. Sie wurde fchon unter *Peter I.* durch Ankäufe in Rom begründet, von NIKOLAUS I. und ALEXANDER II. auf demfelben Wege erweitert. Sehr berühmt ift die in einem Saale vereinigte Sammlung von etrurifchen und griechifchen Vafen und die berühmtefte unter diefen, überhaupt eine der fchönften und werthvollften ihrer Art ift die fogenannte Vafe von Cumä, die 1853 in der Nähe von Neapel aufgefunden wurde. Sie ift mit Reliefs aus der griechifchen Götterfage verziert; eine grofse Amphora mit Kämpfen der Riefen wider die olympifchen Götter und Herkules; eine andere mit Scenen aus der griechifchen Heldenfage.

Die *Bibliothek* der Eremitage ift entftanden aus den von *Katharina II.* angekauften Bibliotheken *Diderot's*, *d'Alembert's*, *Voltaire's* und Anderer. Mit ihr verbunden ift eine Sammlung von etwa 200.000 *Kupferftichen*.

Die berühmtefte Sammlung der Eremitage ift die in 35 Sälen des erften Stockwerkes untergebrachte *Gemäldegalerie*, etwa 1800 Stücke umfaffend. Sie ift aus verfchiedenen Sammlungen erwachfen, die von *Katharina II.* und ihren Nachfolgern in Frankreich, England, Holland, Italien erworben wurden; fo aus den Sammlungen *Crozat de Thiers*, *Walpole*, *Choifeul*, der Kaiferin *Jofephine* und ihrer Tochter der Königin *Hortenfe*, *Wilhelms II.* von Holland, der von NIKOLAUS I. in Rom erworbenen Sammlung *Barbarigo etc. etc.* Die koftbarften Stücke all diefer Sammlungen find in der Eremitage vereinigt worden, die anderen in die verfchiedenen kaiferlichen Schlöffer vertheilt.

Die Gemäldegalerie der Eremitage ift nach nationalen Malerfchulen: der italienifchen, fpanifchen, franzöfifchen, niederländifchen, englifchen, deutfchen, ruffifchen, und in diefen wieder nach Kunftperioden und Specialfchulen eingetheilt. Die fpanifche Sammlung z. B. ift eine der fchönften und mannigfaltigften, die man aufserhalb Spaniens findet; fie enthält 18 Stücke von *Murillo*, darunter eine heilige Familie, die Segnung Jakobs durch Ifaak, Jakobs Traum von der Himmelsleiter, die Flucht nach Aegypten etc., Porträts von der Hand *Velasquez'* etc. Ein Saal enthält neun 1861 aus dem Mufeum *Campana* in Rom erworbene Fresken von *Raphael* und feinen Schülern. Von anderen berühmten italienifchen Meiftern find durch werthvolle Gemälde vertreten *Leonardo da Vinci*, *Tizian*, *Paul Veronefe*, *Annibale* und *Luigi Carracci*, *Correggio*, *Saffoferrato*, *Palma*, *Caravaggio*, *Carlo Dolce*,

Francia, Tintoretto, Salvator Rosa, Domenichino etc. etc. Unter den Werken der niederländischen Malerei ragen in der Galerie der Eremitage zahlreiche und werthvolle Gemälde von *Rubens, van Dyk, Potter, Teniers, Wouvermann, Rembrandt* und Anderen hervor, so von *Rubens:* Magdalena, die Christus die Füſse salbt, die Verstoſsung der Hagar, ein Porträt der zweiten Frau Rubens, Helene Forman; von *van Dyk* ein Porträt Carls I. von England und mehrere andere Porträts, eine heilige Familie, genannt die heilige Jungfrau mit den Rebhühnern, von *Potter* deſſen berühmteſtes Bild: ein Maierhof, von *Rembrandt* eine Kreuzabnahme, das Opfer Abrahams etc.; von *Wouvermann* eine Falkenbeize, von *Teniers* die Arquebusiere von Antwerpen, Karten spielende Soldaten, ein ländliches Fest.

Unter den Gemälden englischer Schule ist zu nennen ein von *Reynolds* für *Katharina II.* gemalter Herkules, der in der Wiege die beiden Schlangen erwürgt, zugleich eine Allegorie für Rufsland.

Die französische Malerei ist in ihren verschiedenen Zweigen vertreten durch *Pouſſin, Claude Lorrain, Le Brun, Greuze, Watteau, Vernet* und andere berühmte Meiſter. Die ruſſiſche durch *Loſſenko,* ihren Begründer, *Matweief, Saſanof, Schebujef, Bruni, Markof, Iwanof, Belſki, Orloffki,* und zwar mit Bildern aus der heiligen und Profangeschichte, Landschaften, Genrebildern etc. etc.

Die *Gemmenſammlung* der Eremitage iſt eine der reichhaltigſten der Welt und ebenfalls aus verſchiedenen Sammlungen entſtanden, unter denen die des ehemaligen Herzogs von *Orleans* (Philipp Egalité) eine der bemerkenswerthesten iſt. Die in drei Sälen untergebrachte *Münzenſammlung* enthält über 160.000 Stücke.

Mit der Eremitage verbunden, aber ſchon zum Winterpalaſte gehörig, iſt noch die *Galerie Peters des Grofsen;* ſie enthält verſchiedene Koſtbarkeiten und Curioſitäten, die *Peter* und ſeinen Nachfolgern angehörten, Geschenke von fremden Monarchen, Tafelauffätze, Taſſen, Schalen, Tabatièren, Ringe und andere Werke der Goldſchmiedekunſt.

Mittags fuhren beide Majeftäten in einem kleinen einfpännigen Schlitten durch die Officiersftrafse in das grofse *Theater* zur Vorftellung des Ballets „Don Quichote". Se. Majeftät der Kaifer von Rufsland trug die öfterreichifche und Se. Majeftät der Kaifer die ruffifche Uniform. Der Schlitten, von einem fchönen Traber gezogen, glitt wie ein Pfeil durch das Gewühl der zahlreichen Gefährte. Kaum ahnte Jemand, dafs in demfelben die Majeftäten fafsen. In einem nachfolgenden Schlitten befand fich der General Baron *Lieven* als einzige Begleitung.

Nachmittags um 2³/₄ Uhr empfing Se. Majeftät der KAISER die Deputationen der in *St. Petersburg* und *Odeffa* anfäfsigen öfterreichifch-ungarifchen Staatsangehörigen. Der öfterreichifche Gefandte G. d. C. Baron v. *Langenau* führte die Deputationen ein. Herr Profeffor Dr. *Gruber* von der kaiferlichen medico-chirurgifchen Akademie in *St. Petersburg* hatte die Ehre, die nachfolgende Adreffe zu verlefen:

„Euere Kaiferliche und Königliche Apoftolifche Majeftät!

Allergnädigfter Herr!

Die öfterreichifch - ungarifche Colonie in *St. Petersburg* begrüfst mit wahrer Freude die Ankunft Eurer Majeftät in der Hauptftadt des ruffifchen Reiches, deffen ftets bewährte Gaftfreundfchaft geftattete, uns hier einen dauernden und nützlichen Wirkungskreis zu fchaffen. Sie fühlt fich glücklich, dafs es gerade ihr befchieden war, dem erften Monarchen Oefterreich-Ungarns, welcher zum Freundfchaftsbefuche nach *St. Petersburg* gekommen, hier ihre Huldigung darbringen zu können.

Die Colonie, deren Mitglieder verfchiedenen Stämmen des Reiches angehören, ift allen Ereigniffen im theueren Vaterlande, mochten diefe nun glückliche oder unglückliche gewefen fein, immer mit wärmfter Theilnahme gefolgt.

Der mächtige Umfchwung, den Oefterreich-Ungarn in jüngfter Zeit auf allen Gebieten genommen und zu deffen Förderung die unterfchiedslofe Heranziehung aller geiftigen Kräfte zur Betheiligung an den öffentlichen Angelegenheiten wefentlich beigetragen, hat in der Colonie einen eben fo grofsen Enthufiasmus erregt als in der Heimath felbft.

Auch unsere Bruft hob sich in stolzer Freude, als jüngst im friedlichen Wettstreite aller Völker Wien der Sammelplatz der gebildeten Welt wurde und die Monarchen zahlreicher Staaten herbeieilten, diefes Friedensfeft durch ihre Gegenwart zu verherrlichen, ihm den Stempel der Aufrichtigkeit und Allgemeinheit aufzudrücken, Oefterreich-Ungarns Herrscher wie deffen Völkern die wohlverdiente Anerkennung für ihre Bemühungen um diefes internationale Friedens- und Fortfchrittswerk kundzugeben.

Euere Majeftät sind aber der Urheber und Protector jener grofsartigen Entwicklung und der Hort der Rechte aller Nationalitäten im Reiche, wie diefs die Völker Oefterreich-Ungarns vor Kurzem bei Eurer Majeftät 25jährigem Regierungsjubiläum manifeftirt und dafür ihrer Dankbarkeit, Liebe und Anhänglichkeit für Euere Majeftät und das Allerhöchfte Kaiferhaus in feierlichfter und herzlichfter Weife, von den Paläften bis zu den Hütten herab, Ausdruck gegeben haben.

Und das Reich, das heute, gemäfs Eurer Majeftät erhabenem Wahlfpruche, mit vereinten Kräften feinen inneren Ausbau vollzieht, es fteht auch nach aufsen geachtet da, umgeben, wie kaum ein anderes mehr, von wahrer und ehrenhafter Freundfchaft, denn feine Werke sind Werke des Friedens, feine Abfichten die der Verföhnung der Staaten und Völker.

Dafs dem fo fei, bezeugen neuerdings die Glückwünfche, welche Eurer Majeftät zu Allerhöchft Ihrem Jubiläum aus allen Weltgegenden fo reichlich zuftrömten, und bekräftigen Euere Majeftät felbft durch Allerhöchft Ihre Gegenwart in der Hauptftadt des mächtigen ruffifchen Reiches, welcher Gegenwart auch wir die Ehre und das Glück verdanken, hier Eurer Kaiferlichen und Königlichen Apoftolifchen Majeftät unfere treuergebenften Gefühle aufrichtiger Dankbarkeit, inniger Liebe und hingebender Anhänglichkeit in aller Ehrfurcht ausfprechen zu dürfen.

Geruhen Euere Majeftät, diefe Gefühle in Gnaden entgegenzunehmen und möge es uns geftattet fein, an den Ausdruck derfelben den Wunfch zu knüpfen: die allgütige Vorfehung möge Euere Kaiferliche und Königliche Majeftät zum Segen und Wohle Ihrer Völker und Staaten noch eine lange Reihe von Jahren in der Blüthe der

Gesundheit und Kraft erhalten, möge Ihre Majeſtät die Kaiſerin, Seine kaiſerliche und königliche Hoheit den Kronprinzen und das geſammte erhabene Herrſcherhaus beſchützen."

Nach Verleſung dieſer Adreſſe geruhte Se. Majeſtät der Kaiſer, welcher ruſſiſche Generalsuniform und den Orden vom goldenen Vlieſse trug, an die Deputation folgende Worte zu richten:

„Ich danke Ihnen, meine Herren, für die Gefühle der Treue und Anhänglichkeit, mit denen Sie auch in fernen Landen des Vaterlandes gedenken."

Als Sr. Majeſtät nunmehr die einzelnen Mitglieder der Deputation vorgeſtellt waren und die prächtig und echt künſtleriſch ausgeſtattete Adreſſe überreicht wurde, geruhte Se. Majeſtät an das Mitglied der Deputation, den bekannten Maler Herrn Michael v. *Zichy*, ſich mit den Worten zu wenden:

„Das iſt von Ihnen, Herr v. *Zichy*, das erkennt man bald. Ich habe ſchon Vieles von Ihnen geſehen."

Mit jedem Mitgliede der Deputation geruhte Se. Majeſtät je nach der Nationalität deutſch oder ungariſch zu ſprechen. Als ſich der Kaiſer zurückzog, brachte die Deputation ihrem Monarchen ein deutſches „Hoch" aus, in welches ſich auch ein mehrſtimmiges „Eljen" miſchte; mehrere Mitglieder der Deputation waren Ungarn.

Darauf wurde die Deputation dem Grafen *Andráſſy* und dem Geheimrathe Baron *Hofmann* vorgeſtellt.

Die Adreſſe, welche die Deputation der *Odeſſaer* öſterreichiſch-ungariſchen Colonie Sr. Majeſtät dem Kaiſer überreichte, lautete:

„Euere Kaiſerliche und Königliche Apoſtoliſche Majeſtät!

Allergnädigſter Herr!

Als vor 87 Jahren Allerhöchſt Ihr groſsmächtigſter Ahn glorreichen Angedenkens Taurien beſuchte, war Odeſſa ein unbedeutendes Dörfchen. Kaum mögen damals aus jenen ärmlichen Hütten patriotiſche Herzensgrüſse dem erhabenen Reiſenden entgegengejubelt haben.

Seitdem hat ſich dieſes Dörfchen zu einer groſsen Stadt und durch friedliche Bethätigungen allmälig zu einem der wichtigſten Handelsplätze Ruſslands emporgeſchwungen.

Heute beherbergt Odeſſa eine anſehnliche Anzahl Angehöriger der öſterreichiſch-ungariſchen Monarchie und heute jauchzen tauſend patriotiſche Jubelgrüſse von den Ufern des ſchwarzen Meeres dem Allerdurchlauchtigſten Reiſenden, unſerem Kaiſer und König zu den Ufern der Newa entgegen.

Euere Majeſtät!

Die öſterreichiſch-ungariſche Colonie in Odeſſa iſt in guten wie in ſchlimmen Tagen den Geſchicken des Mutterlandes theilnahmsvoll gefolgt, in Liebe und Treue hat ſie ſtets und unverbrüchlich an Eurer Majeſtät, als ihrem allergnädigſten Herrn und Gebieter, gehangen und ſich in bewundernder Verehrung gebeugt vor Allerhöchſt Ihrer glorreichen Thätigkeit und Weisheit, welche es vermochten, durch Hebung aller Zweige des geiſtigen und materiellen Fortſchrittes aus dem theueren Mutterlande einen im vollen Sinne des Wortes muſtergiltigen Culturſtaat zu ſchaffen und demſelben die gebührende Achtung Europas und der Welt überhaupt zu ſichern.

Noch blicken wir auf die gedeihliche Kraft der Entwicklung, welche Euere Majeſtät geruhten, unſeren Wiegenländern in ſegensreicher Fülle zu verleihen und welche, ſo Gott will, unverſiegbar ſein wird, weil deren Schutz und Hort Allerhöchſt Sie ſind.

Wir benützen dankerfüllt den freudigen Anlaſs Allerhöchſt Ihrer Gegenwart in der Hauptſtadt des mächtigen Reiches, das uns in unſeren friedlichen Beſtrebungen ſeinen Schutz gewährt, um Euere Majeſtät zu bitten, den erneuerten Ausdruck der Liebe, Treue und Bewunderung, welche wir für Allerhöchſt Ihre geheiligte Perſon tiefſinnigſt im Herzen hegen, mit huldvoller Gnade aufnehmen zu wollen.

Gott erhalte, Gott ſchütze und ſegne unſeren Kaiſer und König!

Odeſſa im Februar 1874.

Die treugehorſamſte
öſterreichiſch-ungariſche Colonie."

Der von dem öfterreichifch-ungarifchen Generalconful Dr. v. *Princig* geführten Deputation geruhte Se. Majeftät zu antworten: „Ich danke Ihnen für die patriotifchen Gefinnungen, welchen Sie im Namen der öfterreichifch-ungarifchen Colonie in Odeffa Ausdruck gaben. Ich danke Ihnen, dafs Sie die weite Reife nicht gefcheut haben, um Mir den Ausdruck der Gefinnungen Ihrer Landsleute zu überbringen. Ich bin der Entwicklung der Colonie in Odeffa immer mit Intereffe gefolgt und es freut Mich, dafs Sie auch im Auslande das Gefühl der Treue und Anhänglichkeit für das gemeinfame Vaterland bewahrt haben. Ich danke Ihnen nochmals."

Nach 3 Uhr traf Se. Majeftät der KAISER im *Artillerie-Mufeum* der Feftung ein und wurde von dem Generaladjutanten *Baranzow*, Adjuncten des Feldzeugmeifters Grofsfürften MICHAEL, dem Commandanten der Feftung und einigen Artilleriegeneralen empfangen. Der Kaifer nahm darauf, von dem Generaladjutanten *Baranzow* und dem Chef des Mufeums Oberften *Brandenburg* geführt, die Collectionen des Mufeums in Augenfchein, wobei befonders einige Mufter alter Artilleriewaffen aus der Epoche *Peters* des Grofsen Sein Intereffe erregten, unter Anderem alte Hinterladerbüchfen ruffifcher Arbeit aus dem 17. Jahrhunderte, Mufter älterer Verfuche zur Conftruction von Mitrailleufen, alte fchmiedeiferne Kanonen aus Tula (von denen eine gegen 60 Pud wiegt), ein Mufter eines Feftungsgefchützes aus dem Ende des 14. oder dem Anfange des 15. Jahrhundertes, ein Exemplar, das einzig in feiner Art ift und über 2 Pud wiegt. Überhaupt zog die antike Abtheilung des Mufeums die befondere Aufmerkfamkeit Sr. Majeftät des Kaifers auf fich, da fie eine der reichften Sammlungen diefer Art ift. Darauf befichtigte Se. Majeftät die artileriftifchen Collectionen der fpäteren Epochen, welche in chronologifcher Ordnung die Gefchichte der Entwicklung der Artilleriekunft bis zu den Gefchützen neuefter Conftruction veranfchaulichen, und dann die befondere Abtheilung hiftorifcher Sehenswürdigkeiten, die nicht zu den fyftematifchen Collectionen des Mufeums gehören. Befonders intereffirte Se. Majeftät die vom Pulverdampf der Schlacht bei Pultawa gefchwärzte Uniform *Peters* des Grofsen

und das Georgen-Kreuz des verftorbenen Kaifers FRANZ I. von
Oefterreich; ferner das originelle Mufter einer alten gezogenen
Flinte, die erft unlängft von dem Generaladjutanten von *Kauf-
mann* nach feiner Rückkehr aus dem Feldzuge von Khiwa gebracht
worden war und zu Anfang diefes Jahrhundertes dem bekannten
Sultan *Keni-Sar* gehört hatte, fowie eine alte deutfche Fahne
aus der Mitte des 16. Jahrhundertes. Darauf fchrieb Se. Majeftät
Allerhöchft Ihren Namen in das Fremdenbuch und verliefs das
Mufeum gegen fünf Uhr, der Begleitung freundlich dankend.

Das *Arfenal*, Waffenfabrik und Waffenmufeum zugleich,
liegt auf dem rechten Newa-Ufer in dem nördlichen Kronenwerke
der Feftung. Es ift ein weitläufiger Rohziegelbau im Quadrate.
Drei Seiten enthalten die Waffenwerkftätten, die vierte das
Mufeum. Eigentlich find es zwei Arfenale, das alte und das neue,
die einander gegenüberliegen und ergänzen. Das erfte wurde
unter *Katharina II.* von dem Grafen Gregor *Orlow* erbaut und der
Kaiferin gefchenkt, das zweite entftand unter *Alexander I.* Sie
find von aufsen umgeben und gefchmückt mit einer Menge
eroberter Kanonen zumeift aus den Türken- und Perfer-Kriegen.
Die Höfe find angefüllt mit langen Reihen und Haufen von
Gefchützen und Gefchoffen. An das neue Arfenal angebaut ift
eine Stückgiefserei für die Feld- und Feftungsartillerie.

Das Mufeum füllt eine Galerie des alten Arfenals. Dasfelbe
ift eine vollftändige hiftorifche Sammlung aller Waffenarten,
namentlich der Gefchütze und Gewehre verfchiedenen Kalibers
und Baues, die jemals in der ruffifchen Armee im Gebrauche
waren, und eine nicht minder reichhaltige Sammlung hiftorifcher
Curiofitäten und Reliquien militärifcher Natur. Da find Helle-
barden, Partifanen, Streitäxte, Lanzen, Bogen, Armbrüfte, Rad-
und Steinfchlofsgewehre, dann alle die Vorgänger der heutigen
Mitrailleufen, Hinterlader, Revolver etc. etc., noch unvollkommen,
aber die Idee der modernften Schufswaffen fchon deutlich
zeigend. Die Waffenfammlung wird vervollftändigt durch eine
ebenfo reichhaltige Sammlung der Uniformen und Feldzeichen,
die in der ruffifchen Armee im Laufe der Zeit eingeführt und
abgefchafft wurden. Coftümirte Figuren zu Fufs und zu Pferd

repräfentiren das ruffifche Heer zu den verfchiedenen Zeiten.
Grofs ift die Menge von Kriegstrophäen aller Art, Fahnen und
Feldzeichen, Rofsfchweife, Handwaffen, Gefchütze, Rüftungs-
ftücke u. f. w. Viele haben einen befonderen hiftorifchen Werth,
wie z. B. der von einer Kugel durchlöcherte Helm, den der
Schweden-König *Carl XII.* in der Schlacht bei Pultawa 1709 trug,
Kanonen Mazeppa's und des falfchen Demetrius.

Kaum minder zahlreich find die militärifchen Reliquien
ruffifcher Herrfcher und Feldherren. Eine ganze Sammlung derfelben rührt von *Peter* dem Grofsen her, darunter fein Zimmer-
mannsgewand, feine Pike als Freiwilliger bei der Preobrafchenfkifchen Garde, feine Uniformen als Sergeant, Hauptmann und
Oberft. Die Reliquien find in einem befonderen Raume vereinigt,
wie ein folcher auch jedem der ruffifchen Herrfcher feit *Peter*
gewidmet ift und Uniformen und Waffenftücke derfelben, fowie
Militäruniformen aus ihrer Regierungszeit enthält. Ein bizarrer,
reich vergoldeter, mit Kanonen verzierter Kriegswagen gehörte dem
berühmten und glücklichen Sonderling und Feldherrn *Suwarow* an,
der von demfelben herab feine Anfprachen an die Soldaten hielt.
Auch in der Sammlung der Kriegsdecorationen, die nach dem
Tode ihrer Inhaber zurückgeftellt werden, haben fehr viele ein
hiftorifches Intereffe durch den Namen ihres einftigen Trägers.

Um 5 Uhr nahm Se. Majeftät der Kaifer das *Diner* bei dem
k. und k. öfterreichifch-ungarifchen Gefandten General der
Cavallerie Baron *Langenau*. Demfelben wohnten die Sr. Majeftät
zugetheilten ruffifchen Herren, die Suite Sr. Majeftät des Kaifers
und die Mitglieder der öfterreichifch-ungarifchen Gefandtfchaft bei.

Des Abends erfolgte die Abreife Sr. Majeftät des Kaifers
zur *Jagd*.

ACHTZEHNTER FEBRUAR.

Am 17., Punkt 8 Uhr Abends, fuhr der kaiferlich ruffifche Separatzug vom Moskauer Bahnhofe mit den zur Bärenjagd geladenen Gäften ab. Um 10 Uhr wurde im Speifefalon ein glänzendes Souper fervirt. Um halb 12 Uhr langte man in *Malo-Vifegrad* an. Se. Majeftät der KAISER, Graf *Andráffy* und Graf *Bellegarde* übernachteten in ihren Schlafcoupés, der Grofsfürft-THRONFOLGER, Grofsfürft WLADIMIR, Grofsfürft ALEXIS und der Prinz von WALES bezogen einige Zimmer der Station, während für die anderen Herren in einer grofsen Halle ein Zeltlager aufgefchlagen war, das fich höchft malerifch ausnahm. Mittwoch um halb 9 Uhr Morgens wurde ein leichtes Frühftück eingenommen, worauf jeder der Herren in einem kleinen, einfpännigen Schlitten Platz nahm, und im fcharfen Trabe eilte der Zug von dannen.

Obwohl nur leicht behügelt, kann die nun durchflogene Gegend dennoch nicht monoton genannt werden. Schöner Tannen- und Birkenwald, Anfangs nur in Gruppen, fpäter ununterbrochen, bildete den Grundton einer Scenerie, die reizende Belebung erhielt, da nahe und fern zu Fufse und in ganz eigenthümlichen, primitiven Schlitten Landvolk in grofser Menge zu fehen war, wie abfichtlich als Staffage aufgeftellt.

Von befonders gutem Effecte waren die meift unter dichten Tannen bis an den Leib in Schnee vergrabenen kleinen Pferde, mit welchen die Treiber herbeigekommen waren und die, an niedliche Schlitten gefpannt, ein Bündel Heu vor fich, ruhig ihr Frühmahl einnahmen. Auf halbem Wege harrten Relaisfchlitten, welche eiligft beftiegen wurden. Um halb 12 Uhr war der Zug am

Orte feiner Beftimmung angelangt. Dreifsig Schritte von einander entfernt, waren auf 14 Ständen eben fo viele numerirte, mit Piken bewaffnete Büchfenfpanner aufgeftellt, neben welchen die Schützen nach bereits früher erhaltener Ordre Platz nahmen. Se. Majeftät der Kaifer ftand ungefähr in der Mitte der Linie. In weitem Kreife war der Trieb von Treibern umftellt, während eine kleine Schaar in rothe Bloufen gekleideter, mit Schneefchuhen verfehener Pikenmänner das Lager des Bären auffuchten. Nach wenigen Minuten gelang es den letzteren, den Winterfchläfer auf die Beine zu bringen, worauf von allen Seiten des Triebes, die Schützenlinie ausgenommen, ein infernaler Spectakel losging. Pöller- und Flintenfchüffe, Charfreitagsratfchen, Jagdhörner und nicht zu verachtende einheimifche Kehlen bildeten die Concertftimmen.

Ein vereinzelter Büchfenfchufs auf der bisher ftummen Schützenlinie, von freudigem „er liegt!" gefolgt, beendete den erften Act des Dramas. Se. Majeftät der Kaifer hatte dem Bären auf 80 Schritte eine Kugel durch den Kopf gejagt und ihn todt niedergeftreckt.

Allgemein war die Freude, welche die hohen Jagdgeber aufs wärmfte kundgaben, und die Gäfte aus Oefterreich blickten mit waidmännifchem Selbftgefühle auf ihren Allerhöchften Herrn, der einen wahren Meifterfchufs gethan.

Nach einem eingenommenen heiteren Frühftück fetzte fich der Schlittenzug von Neuem in Bewegung und langte nach einftündiger Fahrt beim zweiten und letzten Triebe des Tages an. Auch hier waren ganz diefelben Anordnungen getroffen worden wie beim erften. Se. Majeftät bat eigens auf das huldreichfte, den Bären Seinethalber ja nicht zu fchonen, und Graf *Andráffy* that, durch den Grofsfürften-THRONFOLGER auf feinen Stand geladen und von ihm dazu aufgefordert, einen tödtlichen Schufs auf das flüchtige Thier, das im Feuer zufammenbrach, aber fich noch aufraffte und mehreren Herren zur Zielfcheibe diente. In fröhlichfter Stimmung gings nun heimwärts durch das zierlich in Holz gebaute *Malo-Vifegrad* nach der Station, wo eine Militärmufik Se. Majeftät mit der öfterreichifchen Volkshymne empfing. Gegen 4 Uhr wurde der Separatzug wieder in Bewegung gefetzt, auf diefem um

6 Uhr ein Diner fervirt und um 7½ Uhr langte man in *St. Peters-burg* nach der intereffanten Jagd an.

Ueber diefe Jagd erfchien in der Wiener „Jagdzeitung" folgender Bericht:

„Vier Tage hatten wir bereits unter den angenehmften Eindrücken in der Czarenftadt an der Newa verlebt und in Paläften, die Alles, was Pracht und Kunft vermag, in Hülle und Fülle boten, einige jener prunkvollen Fefte mitgemacht, welche vom ruffifchen Hofe dem kaiferlichen Gafte zu Ehren veranftaltet wurden.

Da kam ein Tag der Luft für den Waidmann — die von uns Jägern mit grofser Spannung erwartete Bärenjagd. Trotz eines fchon feit mehreren Tagen andauernden Unwohlfeins war Se. Majeftät der Kaifer ALEXANDER fichtlich bemüht, überall perfönlich die Honneurs zu machen, und nur die nachhaltigften Bitten des Kaifers FRANZ JOSEPH vermochten ihn zu bewegen, die Functionen des Jagdherrn Sr. kaiferlichen Hoheit dem Grofsfürften-THRONFOLGER zu übertragen, welcher fich diefer Aufgabe mit eben fo viel Sorgfalt als Zuvorkommenheit entledigte.

Am 17. Februar vor 8 Uhr Abends erfchien Se. Majeftät der KAISER von Oefterreich in Begleitung des Oberft-Jägermeifters Baron *Lieven* im Hoffalon der Petersburg-Moskauer Nikolaj-Bahn, wofelbft bereits der den Kaifer ALEXANDER vertretende CESAREWITSCH, der Prinz von WALES, fowie die Grofsfürften WLADIMIR und ALEXIS zum Empfange des Kaifers FRANZ JOSEPH verfammelt waren.

Die Ehre der Einladung zur Jagd wurde öfterreichifcherfeits zu Theil den Grafen *Andráffy* und *Bellegarde,* den kaiferlichen Flügeladjutanten Baron *Bechtolsheim,* Fürft *Lobkowitz,* Graf *Grünne,* Baron *Löhneyfen* und v. *Nemethy,* dem Oberften v. *Kraus,* dem Baron *Werfebe* und Herrn v. *Okolicfanyi,* weiters waren beigezogen der kaiferlich ruffifche Ober-Hofjägermeifter Fürft *Trubetzkoj,* der dänifche Hofmarfchall Graf *Danneskjold,* der General Fürft *Woronzow* und der dem Kaifer von Oefterreich zugetheilte ruffifche Flügeladjutant Oberft v. *Moloftwow.*

Mit dem Schlage der achten Stunde führte der mit allem Comfort eines wohnlichen Appartements ausgestattete Hofzug die Jagdgesellschaft nach der 24 Meilen von *St. Petersburg* entfernten Nachtstation *Malo-Visegrad*, woselbst man nach einem während der Fahrt bei allseitig heiterster Conversation eingenommenen Souper um Mitternacht anlangte.

Während Se. Majestät und die Prinzen in den für die Jagdausflüge des russischen Hofes am Bahnhofe bereit gehaltenen Gemächern ihre Ruhestätte fanden, schlugen einige Jagdgäste in den sehr bequemen Waggoncoupés ihr Nachtlager auf und wir übrigen Herren waren einzeln in freundlich einladenden Zelten untergebracht, deren acht in einer sehr geräumigen Bahnhoflocalität aufgestellt waren.

Nachdem einige der höchsten Herren das trotz der vorgerückten Nachtstunde in unserem Zeltlager noch herrschende lustige Treiben besehen hatten, begab man sich zur Ruhe und Mancher von uns sah schon im Traume all' die Bärengestalten an sich vorübergleiten, welche die aufgeregte Phantasie des Jägers in der Wildnis eines russischen Urwaldes ihr Unwesen treiben liefs.

Schon um 7 Uhr Morgens ward es in unserem Lager lebendig; der ausgegebenen Ordre gemäfs begaben wir uns um halb 9 Uhr im Jagdanzuge zum gemeinsamen Frühstück und bald nach 9 Uhr zu den vor dem Bahnhofe in endloser Reihe aufgestellten, durchgehends einspännigen und für je einen Herrn bestimmten Schlitten, welche uns nach dem etwa drei Meilen entfernten Jagdplatze bringen sollten.

Die ganze Schlittencolonne setzte sich gleich darauf unter Führung des Fürsten *Trubetzkoj* in Bewegung.

Im scharfen Tempo gings über die mit grofsem Aufgebote fahrbar gemachten Schneefelder; das Wetter war sehr schön und mild, die durchflogene Landschaft bot nichts Anziehendes; von Zeit zu Zeit kamen wir an Gruppen von Landleuten vorüber, welche, in tiefem Schnee steckend, ihre Neugierde befriedigten.

Nach einstündiger Fahrt gelangten wir mitten im Walde an die zum Wechseln des Gefährtes bestimmte Haltestelle, wo es von landesüblichen kleinen Bauernschlitten und Pferden wimmelte, welch' letztere es fich — bis an den Bauch im Schnee — an einem Häuflein Stroh oder diftelartigem Heu wohl fchmecken liefsen.

In wenigen Minuten waren unfere Schlitten mit frifchen Pferden befpannt und wir durchflogen den endlofen Wald, um nach etwa drei Viertelftunden in einer Waldparcelle anzulangen, an deren Saum eine beträchtliche Anzahl Männer unferer Ankunft harrte.

Es waren diefs die Treiber, die den abgefpürten Bären in feinem Lager aufzufuchen hatten und wegen der Kenntlichkeit im Waldesdickicht mit hellrothen Bloufen bekleidet waren.

Sie waren mit Schneefchuhen verfehen, mit Flinten und Spiefsen bewaffnet und zwei in ihrer Mitte befindliche Individuen der Jägerei führten an einem die Leine vertretenden zolldicken Riemen je einen Fanghund, wahre Prachtexemplare von riefiger Geftalt, die felbft einem Bären Refpect einflöfsen mufsten.

Wir befanden uns alfo an dem für den erften Trieb beftimmten Orte, einem ftellenweife dicht verwachfenen, fehr niederen Föhrenwalde, deffen Beftand mit Birken, Erlen und Weifsbuchen untermifcht war.

Der Knäuel der Treiber verfchwand in aller Stille im Waldesdickicht.

Man verliefs die Schlitten und begab fich auf die fchon im Petersburger Bahnhofe jedem Einzelnen mit befonderer Marke bezeichnete Standnummer, wo bereits ein kaiferlicher Jäger, mit Spiefs und Doppelbüchfe bewaffnet, feines Herrn harrte, und nach kaum 15 Minuten war die Schützenlinie in einem den Wald der Breite nach durchziehenden alleeartigen Durchhaue frontal poftirt, fo dafs die einzelnen Schützen, kaum mehr als 25 Schritte von einander entfernt, in Linie ftanden.

Mit einer gewiffen inneren Erregtheit harrten wir der Dinge, die da kommen follten und die nicht lange auf fich warten liefsen.

Auf ein vom eigentlichen Jagdleiter, Hof-Jagdcapitain *Ratajew*, gegebenes Zeichen, dafs die Schützen fchufsbereit geftellt find, erfolgte im Inneren des Triebes felbft ein Schufs und mit diefem auch ein gänzlicher Scenenwechfel.

Die an der Peripherie des Triebes unbeweglich ftehende, vielhundertköpfige Treiberkette brach in ein wildes Gejohle aus, welches durch ein gleichzeitiges Accompagnement von etlichen hundert Schnarren unterftützt wurde.

In diefes Concert der äufseren Treiberwehre mifchte fich im Triebe felbft ein ununterbrochenes blindes Schiefsen der dem Bären an den Leib rückenden Bloufenmänner

Wenige Minuten vergingen, als ein im Triebe ertönendes Hornfignal der Schützenlinie verkündete, dafs der Bär fein Lager verlaffen habe, und kurz darauf fah bereits der auf Nummer 3 poftirte Schütze auf etwa 40 Schritte Entfernung den Bären aus dem Dickicht hervorbrechen und durch den tiefen Schnee geradenwegs feinem Stande zutrollen.

Kaum 15 Schritte weit vom Schützen und feines Gegners anfichtig, ftutzte Meifter Petz. Mit der griesgrämigen Miene eines wider Willen geftörten Schläfers führte er — aufrecht geftellt — mit der rechten Vordertatze einige Luftftöffe, liefs fich dann wieder nieder und nahm, nach dem Dickicht ziehend, feine Richtung gegen den rechten Flügel der Schützenlinie.

Es währte kaum zehn Minuten, als wir näher poftirten Schützen bemerkten, dafs Se. Majeftät fchufsfertig im Anfchlage fei; freudig bewegt waren unfere Augen nach dem nahen Kaiferftande gerichtet, plötzlich kracht's, wir blicken nach jener Stelle, wohin des Kaifers Stutzen gerichtet war, und als wir fahen, dafs Se. Majeftät und die Nachbarfchützen die Stände verliefsen und in den Trieb eindrangen, da begaben auch wir Anderen uns ins Innere des Triebes und da fanden wir Se. Majeftät, den Prinzen von WALES, den Grofsfürften WLADIMIR und noch einige Herren, welche, umringt von Bloufenmännern mit Spiefsen, in malerifcher Gruppe den im Schnee wühlenden Bären umftanden, welcher zähneknirfchend dalag, bis Grofsfürft WLADIMIR, theils vorfichtshalber, theils aus Mitleid, mit feinem Waidmeffer dem mit dem Tode ringenden Thiere ein fchnelles Ende machte.

Wie uns dann Se. Majeftät mittheilte, war auf eine Diftanz von gut 80 Schritten nur das Haupt des Bären fichtbar, und in der That, es war ein Meifterfchufs, der dem Bären die tödtliche

Kugel mitten durch beide Schläfen jagte. Alles beeilte fich, den kaiferlichen Schützen zu beglückwünfchen.

Fröhlich arbeiteten wir uns nunmehr durch die Schneemaffen und begaben uns fämmtlich nach einem wenige Hundert Schritte entfernten Platze, wo ein Tifch, reich befetzt mit kalter und warmer Küche, einen willkommenen Nachgenufs zu bereiten verfprach.

Die allgemeine Heiterkeit fchien appetiterregend zu wirken, und der Reiz diefer wirklich malerifchen Waldfcene wurde durch den am Frühftücksplatze geftreckten Bären — ein Thier von mittlerer Gröfse — nur erhöht.

Se. Majeftät gab vom Frühftücksplatze aus dem Kaifer ALEXANDER, dem Kronprinzen RUDOLF und Seinem Eidam Prinzen LEOPOLD von Baiern telegraphifch Kunde von dem erlegten Bären und fprach den fämmtlichen Jagdgäften gegenüber in beftimmtefter Weife den Wunfch aus, dafs im zweiten Triebe jede Rückfichtnahme auf Allerhöchft Seine Perfon entfalle und von Jedermann ohne irgend welche Bedenken gefchoffen werden möge.

Nach einftündiger Frühftücksraft begab fich Jeder wieder zu feinem Vehikel. In der früheren Ordnung fuhren wir eine gute Strecke weit auf dem nämlichen Wege, den wir gekommen; dann bogen wir nach einem links gelegenen Waldcomplexe ab und nach einftündiger Fahrt langten wir bei jener Waldparcelle an, wo der zweite Bär abgefpürt war und getrieben werden follte.

Wie beim früheren Triebe ging auch hier Alles befchriebenermafsen vor fich; wie früher waren wir Schützen auch hier in gerader Linie poftirt.

Der Signalfchufs zum Triebe fiel; das wilde Gefchrei der Treiberwehre, das Schiefsen der Bloufenmänner begann von Neuem und auch diefsmal verging nur eine Viertelftunde, als das Hornfignal im Triebe erdröhnte und den Schützen die frohe und diefsmal auch aufregende Kunde gab, dafs der Bär fich gehoben und feine Wanderung im Walde angetreten habe.

Am linken Flügel der Schützenlinie fiel bald darauf ein Schufs; es war der Ober-Hofjägermeifter Fürft *Trubetzkoj*, welcher durch einen blofsen Schreckfchufs den Bären, welcher eben Miene machte, die Treiberwehre zu durchbrechen, zum Umfchlagen brachte.

Wenige Minuten fpäter fielen links zwei Schüffe; es waren Se. Majeftät und Graf *Andráſſy*, die auf den im Dickicht vorbeipaffirenden Bären Feuer gegeben hatten. Obgleich nach der im Schnee vorgefundenen Schweifsfährte der Bär für ftark angefchoffen galt, war er doch waldeinwärts verfchwunden und nirgends wahrnehmbar.

Ein Viertelftündchen dürfte inzwifchen verftrichen fein, als der rechts auf dem Schützenftande Nr. 3 poftirte Oberft *Kraus* in der Entfernung von etwa 80 Schritten den Bären aus einem Dickicht hervorkommen und mühfam durch die grofsen Schneemaffen feinem Stande zutrollen fah.

Auf etwa 40 Schritte herangekommen und auf einem durch dichtes Unterholz gedeckten Flecke angelangt, ftutzte der Bär, fei es in Folge der Witterung oder nur zufällig, machte dann eine kleine Schwenkung nach links und kam im Stich auf den am Stande Nr. 2 poftirten Grafen *Danneskjold*, welcher auf etwa 25 Schritte dem Bären feine Kugel zufandte. Ohne das Zeichen abzuwarten, fchofs Graf *Danneskjold* ein zweites Mal und mit ihm, mit einem Schlage gleichzeitig der auf Nr. 3 mitpoftirte Baron *Werfebe*.

Sichtlich gut getroffen, brach der Bär momentan zufammen, raffte fich jedoch fogleich wieder auf, kehrte um, und Oberft *Kraus* ftreckte ihn, als er die Richtung des Bären nach dem Dickicht wahrnahm, mit einem Halsfchuffe nieder, ohne dafs der Bär fich weiter zu erheben vermochte.

Die genannten drei Schützen näherten fich dem in den Schneemaffen um fich fchlagenden Bären, welcher — ohne weiteres Zuthun — bereits im Verenden begriffen war und die vom Grofsfürften WLADIMIR beabfichtigte Inanfpruchnahme der Riefenhunde überflüffig machte.

Der Bär hatte vier gute Kugeln bekommen; der unzweifelhaft vom Grafen *Danneskjold* herrührende Stichfchufs erfchien uns anderen Mitbetheiligten als hinreichend, um trotz der ruffifchen Jagdregel, wonach der letzte Schufs gilt, die vom Oberft-

Jägermeister fofort zuerkannte Anfpruchsberechtigung und jede Mitconcurrenz um die Beute im vorhinein abzulehnen und fich mit dem Bewufstfein zu begnügen, dafs man den Bären ins Jenfeits mitbefördern half.

Die ganze Jagdgefellfchaft befichtigte den mitten im Walde geftreckten Bären, welcher an Farbe und Gröfse dem früher von Sr. Majeftät erlegten ganz gleich war; dann traten wir die Rückfahrt nach unferer Eifenbahnftation *Malo-Vifegrad* an, allwo man um halb 4 Uhr Nachmittags eintraf, die Jagdkleider ablegte und fich durch den bereit ftehenden Hoftrain nach *St. Petersburg* wieder zurückbringen liefs.

Ein vortrefflich bereitetes Diner, welches während der Fahrt fervirt wurde, und eine bei der Cigarre mit aller Ungezwungenheit geführte Converfation verkürzte in angenehmfter Weife die Stunden bis zu unferer um 8 Uhr Abends erfolgten Ankunft in *St. Petersburg.*"

Ein Correfpondent der „Times" befchrieb die Jagd folgendermafsen:

„Am Dienstag, Abends um halb 8 Uhr, wartete der kaiferliche Zug auf einer der Plattformen des Moskauer Bahnhofes. Die Salons waren feftlich beleuchtet, Alles zur Abfahrt bereit. Die Köche bereiteten gefchäftig das Mahl für den Tag und die Conducteure hatten für Feuer und Licht geforgt, während ihr Chef, ein hübfcher Mann, in feiner dunklen Kappe, blauem Leibrocke und rothem Gürtel auf feinem Poften an der Thüre zu dem Kaifergemache ftand, das, grofs und luxuriös ausgeftattet, wenigftens zwölf Perfonen zu faffen vermochte. Eine kaiferliche Jagd war für den Kaifer von Oefterreich angefagt, und der Zug wartete, um den Monarchen mit feiner Begleitung nach der 160 Werft entfernten Station *Malo-Vifegrad* zu führen, wo Derfelbe die Nacht zubringen, am nächften Tage in Schlitten fich zum Jagdgrunde begeben und am Abend zum adeligen Ball in *St. Petersburg* wieder zurück fein follte. Der Oberft-Jägermeifter Baron *Lieven* war der Erfte auf dem Platze und empfing den CZAREWITSCH, den Prinzen von WALES und die Grofsfürften ALEXIS und WLADIMIR. Um

8 Uhr erfchien der Kaifer FRANZ JOSEPH in der flachen Kappe und kleidfamen Uniform eines ruffifchen Generals, mit dem Kleinkreuze und Bande eines ruffifchen Ordens im Knopfloche.

Die Jäger wurden 120 Fufs auseinander geftellt und von Nr. 1 gegen den Mittelpunkt der Linie zählend, gehörte Nr. 3 dem Grafen *Danneskjold,* Nr. 4 dem Grafen *Bellegarde,* Nr. 5 dem Grofsfürften WLADIMIR, Nr. 6 dem Grafen *Andráffy,* bei dem fich der CZAREWITSCH befand, der kein Gewehr führte, Nr. 7 dem Kaifer FRANZ JOSEPH, Nr. 8 dem Baron *Lieven,* Nr. 9 dem Prinzen von WALES, Nr. 10 dem Grofsfürften ALEXIS, jenfeits welcher das Gefolge feine Plätze einnahm. Vor dem Poften des Kaifers war ein kleiner Wall von Föhrenäften angebracht und es war Alles fo eingerichtet, dafs der Bär dem Kaifer in die Schufslinie kommen mufste. Der Kaifer ftand auf einem Bärenfelle, das über den Schnee gebreitet war, und fchofs mit einer in Wien angefertigten Lancafter-Flinte. Der Jagdcapitän, ein öfterreichifcher Officier, und zwei Jäger ftanden hinter Sr. Majeftät, der CZAREWITSCH und Graf *Andráffy* hatten zwei Jäger und hinter dem Prinzen von WALES ftand fein fchottifcher Leibpfeifer, der feinen Kilt aufgegeben hatte und wie ein gewöhnlicher Sterblicher ausfah.

In zwanzig Minuten war Alles bereit. Die grauröckigen Sportsmen auf ihren Poften und die Treiber in rothen Hemden an den ihrigen, der Bär aber feft fchlafend zwifchen Beiden. Das Abfeuern einer Petarde gab das Zeichen zum Beginne, gefolgt von dem Gefchrei der Treiber, welche wie Hunde bellten und von Zeit zu Zeit Piftolen abfeuerten. Als diefer Lärm aus der Tiefe des Waldes ertönte, klang er höchft mufikalifch in unferen Ohren, wiewohl fehr garftig für den erwachenden Bären. Vom Poften des Grofsfürften WLADIMIR konnte man den Kaifer mit Seiner Büchfe fchufsfertig ftehen fehen, der nach feinem erften Bären ausblickte, denn ein fo vortrefflicher Schütze Er ift, hatte Se. Majeftät doch nie zuvor einen Bären erlegt. Der Lärm und das Gefchrei der Treiber kamen immer näher und jetzt fagte uns ein Trompetenftofs, dafs das Thier fein Lager verlaffen habe. Noch einige Minuten, und der Grofsfürft WLADIMIR bekam den Bären zu Geftchte, wie er vorfichtig zwifchen den Bäumen im Schnee hintrabte, die

Ohren fpitzte, den Kopf emporhob, um zu fehen, was das Alles zu bedeuten habe. Er kam dem Grofsfürften ganz nahe und bot ihm eine prächtige Zielfcheibe; aber obfchon ein flinker, junger Jäger dem Prinzen eine doppelläufige Büchfe reichte, fo wollte diefer dennoch nicht feuern, denn der Bär fchlug die Richtung gegen den Kaifer ein. Der Grofsfürft und der Czarewitfch winkten dem Monarchen, der vollkommen fchufsfertig ftand. Nun brachte der Kaifer das Gewehr in Anfchlag, nahm langfam und ficher fein Ziel und feuerte. Man fah den Bären ftürzen, er war getroffen. Alles war vorbei, und der Kaifer, der Czarewitfch, der Prinz von Wales, der Grofsfürft und ein paar Jäger fchlugen den Weg in den Wald ein und gingen, fo fchnell es der tiefe Schnee erlaubte, um den Körper zu befichtigen. Wenn er nur die ftille Linie vermieden und die lärmende durchbrochen hätte, fo hätte fich der Bär falviren können. Aber durch den Lärm erfchreckt, lief er feinem Schickfale gerade in die Arme. Da lag er nun fterbend, den Kopf im Schnee und wollte noch einmal Athem fchöpfen, felbft nachdem ihm Grofsfürft Wladimir fein Jagdmeffer mehr als einen Fuss tief hinter der Schulter in den Leib geftoffen hatte. Die dunkle, im Schnee liegende Maffe, die Gruppe, beftehend aus einem Kaifer, aus Prinzen, Jägern und aus „Rothhemden als Treiber" und der in feiner Winterpracht prangende Wald bildeten zufammen eine höchft malerifche Scene. Se. Majeftät war mit dem Schuffe fehr zufrieden und konnte es auch fein, denn der befte Sportsman kann fich kein befferes Debut bei einer Bärenjagd wünfchen, als fein Wild auf eine Entfernung von 210 bis 240 Fufs mit einem einzigen Schuffe in die Schläfe zu erlegen. Es waren nur der Kopf und die Schultern des Bären fichtbar, als der Kaifer feuerte, und es war wirklich ein Meifterfchufs. Der Bär war nicht grofs und wog nicht mehr als 200 Pfund, und fo galt es hier blos der Auszeichnung, ihn gefchickt zu tödten, und dafs diefes Kaifer FRANZ JOSEPH that, werden alle guten Jäger eingeftehen."

* * *

Nach der Rückkehr von der Jagd fand des Abends im *Adelshaufe* zu Ehren Sr. Majeſtät des KAISERS ein von dem Adel des Gouvernements *St. Petersburg* veranſtalteter *Ball* ſtatt.

Von halb 10 Uhr an fuhren zahlreiche Equipagen vor den drei im Lichterglanze ſtrahlenden Thoren des Adelshaufes vor und eine elegante Gefellfchaft füllte bald die Salons. Die Herren vom Civil erſchienen alle im ſchwarzen Anzuge, der diefsmal zugelaſſen war, um den öſterreichiſch-ungariſchen Unterthanen den Zutritt zum Balle thunlichſt zu ermöglichen. Der grofse, ſchöne weifse Ballfaal war durch zahlreiche Luſter und eine doppelte Kerzenreihe taghell beleuchtet. Das Orcheſter war hinter exotifchen Pflanzen verſteckt und liefs Tanzweifen vernehmen. Die für den kaiferlich ruffifchen Hof refervirten Nebengemächer waren im Verlaufe des Winters neu eingerichtet worden. Sie beſtanden aus einem Durchgangscabinete mit Eckfophas und Lehnſtühlen, einem Damencabinete mit reicher Toilette, einem gröfseren, eleganten Salon, vor deſſen Sopha ein ovaler Theetifch, mit glänzendem Damaſt und goldenem Service gedeckt, den Allerhöchſten Herrfchaften zur Difpofition ſtand. Ein von Wand zu Wand gehendes Buffet fchlofs die Seitengalerie von diefem Raume ab. Hellgrüner Damaſt mit grofsen Blumenbouquets bildeten die Vorhänge und Portièren, auf hochgefchorenen Teppichen ſchritt der Fufs unhörbar dahin. Spiegel, Kronleuchter und Armleuchter waren von den reichſten Formen. Diefe gleichfam als befonderes Appartement conſtituirte Zimmerreihe hat ihre eigene Anfahrt und Treppe von der Michael-Strafse her und die Treppe mündet oben zwifchen Portièren und Topfgewächfen direct in das entfprechende Vorzimmer. Einige Rundtänze und Quadrillen waren ſchon getanzt worden, als die kaiferlichen Herrfchaften kurz vor 11 Uhr erſchienen, von den Herren und Damen des Petersburger Adels, an ihrer Spitze der Adelsmarfchall Graf *Schuwalow*, empfangen. Se. Majeſtät der KAISER führte die Prinzeſſin von WALES, der Prinz von WALES die Grofsfürſtin-THRONFOLGERIN, der Kronprinz von DÄNEMARK die Herzogin von EDINBURG. Ihnen fchloſſen ſich die übrigen Mitglieder des ruffifchen Kaiferhaufes und deſſen hohe Gäſte an, worauf deren nächſte Umgebung und die betreffenden

Gefandten mit ihren Damen folgten. Die Mufik fpielte die öfterreichifche Volkshymne, das Publicum rief dreimal Hurrah, worauf Se. Majeftät der Kaifer allein hervortrat, dankte und bis zum Schluffe der Hymne im Vordergrunde der Kaiferloge ftehen blieb. Derfelbe trug ruffifche Uniform (die Seines Keksholm'fchen Grenadier-Regimentes), während alle Grofsfürften die Uniformen ihrer öfterreichifchen Regimenter angelegt hatten; fo namentlich der Grofsfürft-THRONFOLGER die feines k. k. Infanterie-Regimentes Nr. 61, Grofsfürft CONSTANTIN NIKOLAJEWITSCH die des k. k. Infanterie-Regimentes Nr. 18, Grofsfürft WLADIMIR ALEXANDROWITSCH erfchien in öfterreichifcher Hufzarenuniform, der Prinz von WALES in englifcher Oberftenuniform, der DÄNISCHE Kronprinz in der feines ruffifchen Sfumifchen Hufzaren-Regiments, der Herzog von EDINBURG in ruffifcher Marine-Uniform.

An zwei Quadrillen betheiligten fich die Allerhöchften Herrfchaften, wobei die Grofsfürftin CESAREWNA und die Prinzeffin von WALES abwechfelnd mit dem Grafen *Schuwalow* und dem Grafen *Andráffy* tanzten. Se. Majeftät der KAISER, zwifchen den Grofsfürftinen ALEXANDRA JOSEFOWNA und MARIA NIKOLAJEWNA fitzend, fah dem Tanze zu, während Er Sich mit feinen Nachbarinen und dem hinter ihnen ftehenden Herzog von EDINBURG unterhielt. Nach der erften Quadrille hielt Er einen Rundgang durch den dicht gedrängten Saal unter Vortritt des Stadthauptmannes, welcher um Platz für die Polonaife der hohen Herrfchaften bat. Kaifer FRANZ JOSEPH führte die Grofsfürftin CESAREWNA, als zweites Paar folgte die Prinzeffin von WALES mit dem Grafen *Schuwalow,* dann die Grofsfürftin MARIA ALEXANDROWNA mit dem Prinzen von WALES, der Grofsfürft-THRONFOLGER mit der Prinzeffin von BADEN. Se. Majeftät der Kaifer dankte huldvoll den Ihm von allen Seiten werdenden ehrerbietigen Verneigungen.

Um halb 1 Uhr verliefs der Hof das Feft mit dem gröfseren Theile feiner Umgebung, während der Tanz fich noch bis 2 Uhr fortfetzte.

NEUNZEHNTER FEBRUAR.

Am 19. Februar fand vor Sr. Majeſtät dem KAISER groſse *militäriſche Parade* ſtatt. Die Aufſtellung der Truppen war auf dem Alexander-Platze, dem Admiralitäts- und Iſaak-Platze und der groſsen Morskaja erfolgt.

Der Alexander-Platz iſt ein architektoniſch für ſich abgeſchloſſener Theil des groſsen Admiralitätsplatzes. Gegen die Newa hin ſchlieſst ihn der Winterpalaſt, gegen Süden das Generalſtabs-Gebäude ab. Das letztere iſt ein prachtvoller Bau, der ſich im Halbkreiſe gegen den Alexander-Platz zu öffnet und in der Mitte von einem groſsen Triumphbogen mit Arcaden durchbrochen iſt, durch den man in die groſse Morskaja-Straſse, eine der belebteſten in *St. Petersburg*, gelangt. Der Triumphbogen trägt ein Sechsgeſpann mit der Siegesgöttin im griechiſchen Streitwagen. Im Generalſtabs-Gebäude befindet ſich das kartographiſche Depot. Die ſchönen Leiſtungen der ruſſiſchen Militär-Kartographie, die ſorgfältig ausgeführten Karten und Pläne, die galvanoplaſtiſchen Matrizen etc. etc. ſind in der Wiener Weltausſtellung viel bewundert worden.

Mitten auf dem Alexander-Platze erhebt ſich, von einem Gitter umgeben, die Alexander-Säule, der gröſste Monolith der Welt. Sie beſteht aus einem Stücke rothen finniſchen Granits von 84 Fuſs Höhe und 14 Fuſs Durchmeſſer, das auf einem würfelförmigen Granitblocke von 25 Fuſs Höhe und Seitenlänge ruht und ein 16 Fuſs hohes Capitäl mit einer Baluſtrade trägt, auf dem ſich ein vergoldeter Engel mit einem Kreuze bis zur Höhe von 154 Fuſs erhebt. Das Capitäl und die Verzierungen des Sockels ſind von Bronze, und zwar aus türkiſchen Kanonen gegoſſen. Das prächtige

Denkmal wurde 1832 „von dem dankbaren Rufsland dem Kaifer *Alexander I.*" gewidmet; der Meifter, der es herftellte, ift *Montferrand*, der Erbauer der Ifaaks-Kirche. Bei dem milden Wetter war befohlen, dafs die Truppen in Feldanzug mit Paletot und Bafchlik, die Officiere ohne Pelzkragen zu erfcheinen hätten. Während eines mäfsigen Schneefalles, aber gänzlich windftiller Luft, verliefsen Schlag 12 Uhr die beiden Kaifer das Winterpalais, ftiegen zu Pferde und ritten, während die Mufik die öfterreichifche Volkshymne fpielte, im Schritt an der Front der Truppen entlang. Se. Majeftät der Kaifer ALEXANDER zur Rechten feines hohen Gaftes, welcher der Truppenfront zunächft ritt. Beide Monarchen trugen ruffifche Uniform, Paletot und Helm.

In der Suite ritten die Mitglieder der kaiferlichen Familie, die hohen Gäfte, deren Begleiter, die Botfchafter und Gefandten, welche einen militärifchen Rang haben, und die fremden Militärbevollmächtigten. Mannigfaltiger als durch diefs Zufammentreffen der zahlreichen öfterreichifchen, ruffifchen, englifchen, dänifchen, preufsifchen und franzöfifchen Uniformen hat man eine Suite felten gefehen.

Nach vollendetem Frontritt hielten die Majeftäten mit der ganzen Suite vor dem Winterpalais gegenüber der Alexander-Säule, um welche herum die Truppen marfchirten, um vor den beiden Kaifern zu defiliren. Die Infanterie zog über den Admiralitäts-Boulevard, Cavallerie und Artillerie über den Admiralitäts-Platz ab, letztere in voller Carrière.

Bei der Schwenkung um den vorfpringenden Winkel des Square war das Terrain gleichmäfsig aufgefchüttet, auch kein Glatteis vorhanden, wodurch die gefährliche Schwenkung leichter ausgeführt werden konnte. Um 2 Uhr war die glänzende Parade vorüber.

Die Ordre de bataille war folgende:

Commandirende:

Die Parade — Seine kaiferliche Hoheit der Grofsfürft NIKOLAI NIKOLAJEWITSCH.

Escorte Sr. Majeftät — Flügeladjutant Oberft *Tfcherewin*.

Eine halbe Escadron der Garde Gendarmerie — Capitain *Seliwatfchef*.

Combinirtes Regiment der Militärfchule — General-Major *Hackmann*.
1. Bataillon der Militärfchule Nr. 1, PAUL — Oberft *Rikatfchef*.
2. Bataillon der Militärfchule Nr. 2, CONSTANTIN — Oberft *Dégen*.
3. Combinirtes Bataillon — Oberft *Antfchutin*.

1. Garde - Infanterie - Divifion — Seine kaiferliche Hoheit der Grofsfürft-THRONFOLGER.
   1. Brigade — General-Major à la fuite Sr. Majeftät Fürft *Swiatopolfk - Mirfky*.
   Garde-Regiment Preobrafchenfk — Seine Hoheit Prinz von OLDENBURG.
   1. Bataillon — Oberft *Pantelejef*.
   2. — *Bibikof*.
   3. „ — „ *Awinof*.
   Schützen-Bataillon — Flügeladjutant Oberft *Schlitter*.
   Garde-Regiment Semenowfk — Oberft vom Generalftabe *Chriftiani*.
   1. Bataillon — Flügeladjutant Oberft *Schmidt*.
   2. — Oberft *Wafiljef*.
   3. — *Dubelt*.
   Schützen-Bataillon — Oberft *Wilamof*.
   2. Brigade — General - Major à la fuite Sr. Majeftät *Helfreich*.
   Garde-Regiment Ismailowfk — Oberft *Lifsanewitfch*.
   1. Bataillon — Oberft - Lieutenant vom Genieftabe *Baltz*.
   2. Bataillon — Oberft *Lytfchinfky*.
   3. — *Tunzelmann*.
   Schützen-Bataillon — Oberft *Klewefahl*.
   Gardejäger - Regiment — General - Major à la fuite Sr. Majeftät *Ellifs*.

1. Bataillon — Flügeladjutant Oberft *Iljinfky*.
2. — Oberft *Nafswetewitfch*.
3. — *v. Notbeck*.
Schützen-Bataillon — Oberft *Sawitfky*.
2. Garde-Infanterie-Divifion — Generaladjutant *Dehn*.
1. Brigade — Generalmajor à la fuite Sr. Majeftät *Bünturg*.
Garde-Regiment Moskau — Oberft *Konargewfky*.
   1. Bataillon — Oberft *Nejelof*.
   2. — *Serfchpinfky*.
   3. — *Deffino*.
   Schützen-Bataillon — Oberft *Goubin*.
Gardegrenadier - Regiment — General-Major à la fuite Sr. Majeftät Baron *Seddeler*.
   1. Bataillon — Oberft *Golochwaftof*.
   2. — *Afpelund*.
   3. — *Mafslof*.
   Schützen-Bataillon — Oberft *Schelgunof*.
2. Brigade — General-Major à la fuite Sr. Majeftät *Baranof*.
Garde - Regiment PAUL — General-Major à la fuite Sr. Majeftät *Rofenbach*.
   1. Bataillon — Flügeladjutant Oberft *Ebeling*.
   2. — Oberft *Wentzell*.
   3. „ — *Stchuka*.
   Schützen-Bataillon — Oberft *Argamakof*.
Garde - Regiment Finnland — General-Major à la fuite Sr. Majeftät Fürft *Galitzin*.
   1. Bataillon — Oberft *Prokopé*.
   2. — Flügeladjutant Oberft *Tenner*.
   3. — Oberft *Kifslinfki*.
   Schützen-Bataillon — Capitain *Denibekof*.
Gardefchützen - Brigade — Seine kaiferliche Hoheit der Grofsfürft WLADIMIR ALEXANDROWITSCH.
   1. Gardefchützen Bataillon Sr. Majeftät — Flügeladjutant Oberft Baron *Arpshowen*.

2. Gardefchützen-Bataillon — Flügeladjutant Oberft Fürft *Obolenfky*.

3. Gardefchützen-Bataillon der KAISERLICHEN FAMILIE — Flügeladjutant Oberft *Tfcheliftfchef*.

Gardefappeur-Bataillon — Oberft *Skalon*.

Garde-Equipage — Seine kaiferliche Hoheit der Grofsfürft ALEXEI ALEXANDROWITSCH.

Bataillon des Garde-Infanterie-Referveregimentes — General-Major *Babkin*.

Lehr-Compagnie der Galvaneure mit dem Feldtelegraphen — Oberft *Filatof*.

Infanteriejunker-Schüler des St. Petersburger Militär-Bezirkes — Major *Sokolof*.

Lehrinfanterie-Bataillon — General-Major à la fuite Sr. Majeftät *Danilof*.

Schützen- und Marine-Compagnie des Lehr-Bataillons — Oberftlieutenant *Klutfcharef*.

Combinirte Infanterie-Armee-Brigade — General-Major *Dehn*.

Linien-Regiment Irkutfk Nr. 93 Seiner kaiferlichen Hoheit des Grofsfürften GEORG ALEXANDROWITSCH — Oberft *Danilof*.

1. Bataillon — Oberft-Lieutenant *Doubinfky*.
2. „ — Oberft *Sarantfchef*.
3. „ — Oberft-Lieutenant vom General-Stabe *Raaben*.

Schützen-Bataillon — Major *Drewing*.

Linien-Regiment Nowotfcherkafk Nr. 145 Seiner kaiferlichen Hoheit des Grofsfürften-THRONFOLGERS Oberft *Butenko*.

1. Bataillon — Oberft-Lieutenant *Tfchernopiatof*.
2. „ — Capitain *Matjufchkin*.
3. „ — Major *Labunzef*.

Schützen-Bataillon — Oberft-Lieutenant *Pokalen*.

Die gefammte Artillerie — General-Adjutant Fürft *Maffalfki*.

Batterie der Artillerie-Schule MICHAEL — Capitain *Baumgarten*.

1. Brigade der Garde-Artillerie zu Fuſs — Oberſt *Owander*.
   1. Batterie — Oberſt *Strichewſki*.
   2.   —   *Siewers*.
   3.   —   „   *Kokoref*.
   4.   — Capitain *Onoprienko*.
   5.   — Oberſt *Martüſchef*.
   6.   —   *Semenow*.

2. Brigade der Garde-Artillerie zu Fuſs — General-Major à la ſuite Sr. Majeſtät *Jewreinof*.
   1. Batterie — Oberſt *Nikolſki*.
   2.   —   „   *de Roberti*.
   3.   — Capitain *Makarof*.
   4.   —   *Maſing*.
   5.   — Oberſt *Hermes*.
   6.   „   —   „   *Skworzof*.
Lehr-Batterie zu Fuſs — Capitain *Danilof*.

24. Brigade der Feld-Artillerie zu Fuſs — General-Major *Birükof*.
   1. Batterie — Oberſt *Peſchkof*.
   2.   — Oberſt-Lieutenant *Enkel*.
   3.   — Oberſt *Dolgof*.
   4.   —   *Michalowſki*.
   5.   Oberſt-Lieutenant *Panof*.
   6.   —   *Sawonka*.

37. Brigade der Feld-Artillerie zu Fuſs — Oberſt *Alekſejef*.
   1. Batterie — Oberſt-Lieutenant *Woinof*.
   2.   — Capitain *Kakurim*.
   3.   — Oberſt-Lieutenant *Skriptſchinſki*.
   4.   —   *Anadruſſki*.
   5.   —   *Dobrowolſki*.
   6.   —   *Bulajef*.

Escadron der Nikolai-Cavallerieſchule — Oberſt Baron *Stackelberg*.

   1. Gardecavallerie-Diviſion — General-Adjutant Fürſt *Galitzin*.

1. Brigade — General-Major à la suite Sr. Majeftät Graf *Protafof-Bachmetjef*.
 Chevaliergarde - Regiment — Flügeladjutant Oberft *Ignatief*.
  1. Divifion — Oberft *Jafikow*.
  2. — *Durnowo*.
 Garde-Regiment zu Pferde — Oberft *Tfchitfcherin*.
  1. Divifion — Rittmeifter Baron *Stackelberg*.
  2. — „ *Iljin*.
2. Brigade — General-Major à la fuite Sr. Majeftät Baron *Driefen*.
 Gardeküraffier-Regiment SR. MAJESTÄT — Oberft Marquis de *Traverfé*.
  1. Divifion — Oberft *Tewjafchef*.
  2. „ — *von Wiek*.
 Gardeküraffier - Regiment IHRER MAJESTÄT DER KAISERIN — Oberft *Katfchalof*.
  1. Divifion — Oberft-Lieutenant *Merkling*.
  2. — Oberft *Tfchernajef*.

2. Gardecavallerie - Divifion — General - Major à la fuite Sr. Majeftät Graf *Muffin-Pufchkin*.
 1. Brigade — General-Major à la fuite Sr. Majeftät *Gurko*.
 Reitendes Gardegrenadier-Regiment — Oberft *Strauch*.
  1. Divifion. — Oberft *Tymirjafef*.
  2. — Capitain *Safs*.
 Garde-Uhlanen-Regiment — Oberft *Etter*.
  1. Divifion — Oberft *Tümen*.
  2. — „ *Balk*.
 2. Brigade — General-Major à la fuite Sr. Majeftät Graf *Woronzof-Dafchkof*.
 Gardehufzaren-Regiment SR. MAJESTÄT — Oberft *Mafslof*.
  1. Divifion — Oberft *Woronetz*.
  2. — Rittmeifter *Rajewfki*.
 Combinirtes Gardekofaken - Regiment — General-Major *Janof*.

1. Divifion Garde-Kofaken-Regiment SR. MAJESTÄT — Oberft *Slüffaref.*
3. Divifion Kofaken-Regiment des Hetmans — Oberft-Lieutenant *Hangenkof.*
Garde-Kofaken-Regiment des Ural — Oberft *Gelesnof.*
Brigade der reitenden Garde-Artillerie — General-Major *Brewern.*
    1. Batterie — Oberft *Iwanof.*
    2.   —   *Lanz.*
    3.   —   „ *Kirdann.*
Combinirte Kofaken-Batterie — Flügeladjutant Oberft *Korotfchenzof.*
Reitende Lehrbatterie — Oberft *Kriwofchejef.*

Stand der Truppen:

Bataillone	$41\frac{1}{8}$
Escadronen	$36\frac{1}{2}$
Batterien	31
Kanonen	138
Generale	34
Officiere	1.128
Soldaten	27.146
Totale	28.274

Nach der Parade fand *militärifches Dejeuner* im Winterpalais ftatt.

Abends 6 Uhr gab Seine kaiferliche Hoheit Prinz PETER von OLDENBURG ein *Diner* zu Ehren Sr. Majeftät des Kaifers.

*   *   *

Abends fand im *Winterpalafte* ein *Ball bei Hofe* ftatt. Der Winterpalaft, die Refidenz des ruffifchen Kaifers, am Admiralitäts-Platze und Hofquai gelegen mit der Ausficht auf die Newa einerfeits, auf den Alexander-Platz andererfeits, ift ein Rechteck, deffen beide der Newa und dem Alexander-Platze zugekehrte

Längenfronten 700 Fuſs meſſen. In ſeiner äuſseren Geſtalt rührt er aus der Zeit der Kaiſerin *Eliſabeth* her, die ihn durch den italieniſchen Baumeiſter *Raſtrelli*, den Schöpfer noch anderer berühmter Bauwerke *St. Petersburgs*, aufführen lieſs. Das Innere des Palaſtes wurde am 29. December 1837 durch Brand gänzlich zerſtört, aber auf Befehl NIKOLAUS I. durch *Montferrand*, den Erbauer der Iſaaks-Kirche, binnen 15 Monaten mit viel gröſserer Pracht wieder hergeſtellt.

Bei groſsen Hoffeſten bewegen ſich 3- bis 4000 geladene Gäſte in den glänzenden Räumen. Bei militäriſchen Feierlichkeiten, z. B. dem Georgs-Feſte, bilden 12- bis 1500 Mann Truppen in den Sälen und Galerien Spalier, während ein Feſtzug von 4- bis 500 Perſonen ſich zwiſchen ihren Reihen hin bewegt.

Unter den groſsen Staatsgemächern ſind zu nennen: der Alexander-Saal, der Georgen-Saal, 140 Fuſs lang und 40 Fuſs breit, mit dem kaiſerlichen Throne, der Marſchallſaal mit den lebensgroſsen Bildern der ruſſiſchen Feldmarſchälle, der Wappenſaal, der rothe, weiſse, blaue Saal, der Saal der Kronjuwelen, der Saal PETERS des Groſsen, die Galerie Romanow u. ſ. w. Dieſe Säle ſind mit prächtigen Wand- und Deckengemälden, zumeiſt Darſtellungen aus der ruſſiſchen Geſchichte, mit Marmor-, Porphyr-, Malachitſäulen, Kronleuchtern, Vaſen, Statuen und hunderterlei Kunſtgegenſtänden aller Art in kaiſerlicher Pracht ausgeſchmückt, wie denn der Winterpalaſt an Glanz, Geſchmack und Reichthum ſeiner Ausſchmückung mit den berühmteſten Herrſcherpaläſten der Welt wetteifert. Der Palaſt hat eine Kirche und eine Kapelle, deren innere Pracht mit dem Ganzen übereinſtimmt; einen Winter- und einen Sommergarten in der erſten Etage.

Der Ball zu Ehren Sr. Majeſtät des KAISERS fand im Concertſaale ſtatt, wo unter blühenden Camelien und Syringen ein beſonderer Platz für Ihre Majeſtät die Kaiſerin von RUSSLAND bereitet war. Einen wahrhaft zauberiſchen Anblick gewährte der Nikolai-Saal, in welchem das Souper ſtattfand und wo an 52 Tiſchen für 800 Perſonen ſervirt war. Der ganze rieſenhafte Saal, der, abgeſehen von dem Gas, welches die Galerien beleuchtete, im

Glanze von 8000 Kerzen ſtrahlte, war in einen Palmenhain ver
wandelt, unter welchem die einzelnen Tiſche ſich vertheilten.
Den Gipfelpunkt der Pracht bildete die Tafel der kaiſerlichen
Familie, welche für 30 Perſonen ſervirt und in einen vollſtändigen
Teppich der reizendſten, im lieblichſten Farbenſpiel zuſammen-
geſtellten Blüthen verwandelt war. Die Maſſe der hier auf einem
Punkte verwendeten Maiglöckchen, Hyacinthen und Roſen grenzte
an das Unglaubliche. Dieſes ganze Blumenbeet, welches die kaiſer-
liche Tafel deckte, war in dem Wintergarten des Palais in der
Zeit von etwa ſechs Stunden ſtückweiſe auf Zinkplatten zuſammen-
geſtellt worden. Aus jedem Tiſche ragte in der Mitte eine Palme
empor, deren Rieſenblätter ſich weit über die unter ihr ſitzenden
Perſonen ausbreiteten; das ſtattlichſte Exemplar war eine Cocos-
palme. Der Fuſs jedes einzelnen Baumes war mit lebenden
Blumen umſtellt und der Stamm bis zur Spitze, ſowie ſämmtliche
Säulen des Saales bis zu den Capitälern mit lebendigem Epheu
umwunden. Die Tiſche waren ſo geſtellt, daſs durch die Mitte
des Saales eine vollſtändige Palmenallee führte. Die Ecken des
Prachtraumes waren mit Camelien gefüllt, die ſich unter der Laſt
ihrer Blüthen förmlich niederbeugten. Das ganze decorative
Arrangement war von ſo glänzender und dabei ſo anmuthiger
Pracht, wie man es ſelten geſehen. Dazu that die blendende
Beleuchtung das Ihrige: im Nikolai- und ſeinen beiden Neben-
ſälen brannten 12.000 Kerzen, welche durch Zündſchnur in einem
Augenblicke in Flammen geſetzt wurden.

ZWANZIGSTER FEBRUAR.

Am 20. Februar unternahm Se. Majeſtät der KAISER einen Ausflug nach *Kronſtadt*. Die Abfahrt erfolgte um 10 Uhr vom Bahnhofe der baltiſchen Eiſenbahn. Die Fahrt dauerte bis *Oranienbaum* 58 Minuten. Von da aus überſetzte der Kaiſer und Deſſen Suite in mit je drei Pferden beſpannten Schlitten das gefrorene Meer bis nach *Kronſtadt*, woſelbſt die Bevölkerung der Ankunft Sr. Majeſtät in den Strafsen harrte und den erlauchten Gaſt mit Jubel begrüfste. Bei der Ankunft Sr. Majeſtät um halb 12 Uhr wurde die öſterreichiſche Kaiſerſtandarte auf dem Maſte des Marinetelegraphen aufgehifst und mit 21 Kanonenſchüſſen ſalutirt.

Se. Majeſtät der Kaiſer wurde in der techniſchen Schule von dem Generaladjutanten *Leſſowſki*, dem Vice-Admiral *Koſakewitſch* und einer Ehrenwache der erſten Flottenequipage empfangen und liefs Sich in den kaiſerlichen Gemächern der Schule die Chefs der Hafenverwaltung und die Commandeurs vorſtellen.

Nach eingenommenem Dejeuner wurde die techniſche Schule mit den daſelbſt befindlichen Appartements des Kaiſers, der Marineclub, die Bibliothek und der Dock *Peters* des Grofsen beſichtigt.

Hierauf wurde die Fahrt zu den Forts, Batterien und zu dem gepanzerten Fort *Conſtantin* per Schlitten über das Eis fortgeſetzt. Bei der Beſichtigung der Forts hatte General *Tottleben* die Ehre, dem Kaiſer als Führer zu dienen.

Das Wetter war theilweiſe heiter und geſtattete einen Blick in die weite Ferne des gefrorenen Meeres. Um 3 Uhr wurde bei

Schneefall die Rückfahrt nach *Oranienbaum* und von da ab auf der Eifenbahn nach *St. Petersburg* angetreten, wofelbft die Ankunft um 4 Uhr Nachmittags erfolgte.

Kronftadt, der Seehafen und das See-Bollwerk von *St. Petersburg*, 5^1/$_2$ Meilen von den Newa-Mündungen entfernt, auf der fogenannten Ketten- oder Keffel-Infel (Kotlin oder Koslin-Oftrow, finnifch Retufari) gelegen und die Keffelbucht abfchliefsend, wurde von *Peter* dem Grofsen fo ziemlich gleichzeitig mit *St. Petersburg* gegründet. Er hatte die damals öde Infel 1703 von den Schweden erobert und legte 1710 auf derfelben einen Kriegshafen an. Die Feftungswerke wurden dann unter den folgenden Regenten erweitert und verftärkt.

Die Infel, ein über eine Meile langer, aber fchmaler, im finnifchen Meerbufen gelegener Kalkfelfen, welcher von der Stadt und den Feftungswerken faft ganz bedeckt ift, wird von zwei Canälen durchfchnitten und ift von etwa 45.000 Menfchen bewohnt, wovon die Hälfte der Armee und Flotte angehört. Die Stadt hat fchöne Strafsen und mehrere grofse Plätze, darunter den Paradeplatz. Die Hauptbauten, als: Hafenbaffins, Hafendämme, Arfenale, Werften etc. find für die Kriegs- oder die Handelsmarine da, auch die Steuermann- und Matrofenfchule, das Marinehofpital, der Kaufhof, das Zollamt, die Stückgiefserei und die Kafernen. *Kronftadt* kann, unterftützt von mehreren kleinen, ebenfalls mit Forts verfehenen Infeln, worunter befonders *Kronflott* (Kronfchlofs) zu nennen ift, und den Untiefen nach Norden und Süden die Zufahrt zur Newa, bezüglich nach *St. Petersburg*, fperren, und hat fich im Kriege von 1854 bis 1855 als ganz unangreifbar bewiefen, eine Eigenfchaft, die es feither bei den Fortfchritten der Gefchützgiefserei gewifs nicht eingebüfst hat. Die drei Häfen von *Kronftadt* liegen auf der Südfeite der Infel; der äufsere ift der Kriegshafen mit Raum für etwa 40 Kriegsfchiffe, der mittlere ift Dock und Werfte und durch den zu gleichem Zwecke verwendeten Peters-Canal mit dem inneren oder Handelshafen verbunden, der taufend Schiffe aufnehmen kann. Diefe drei Häfen find nicht nur durch die eigenen Befeftigungen, fondern auch durch das vorliegende *Kronflott* gedeckt.

Kronſtadt iſt der erſte Kriegshafen des Reiches, der Stationsplatz der baltiſchen Flotte, die 1871 im Ganzen 160 Schiffe verſchiedener Gröſse und Gattung mit 1400 Geſchützen, 183.000 Tonnen Gehalt und in ihren Dampfern 27.700 Pferdekräfte zählte. Als Handelshafen iſt *Kronſtadt* der Seehafen *St. Petersburgs* und des Newa-Gebietes für tiefergehende Schiffe, die hier umladen, weil ſie nicht über die kaum 10 Fuſs tiefe Barre der Newa-Mündung hinauf können. Die Schifffahrt dauert indeſs nur vom Mai bis zum November, denn die Keſſelbucht friert faſt gleichzeitig mit der Newa Ende November zu, und der Verkehr von *Kronſtadt* nach *St. Petersburg* geht dann über das Eis per Schlitten nach *Oranienbaum*, und von da auf der Eiſenbahn oder auch zu Schlitten nach *St. Petersburg*. Im Sommer verkehren Dampfſchiffe täglich viermal, unter Umſtänden auch öfter, zwiſchen *St. Petersburg* und *Kronſtadt*, wie auch von *St. Petersburg* nach den Luſtſchlöſſern *Peterhof* und *Oranienbaum*. Auch die Dampfſchiffe, die nach den Oſtſee-Häfen *Reval*, *Helſingfors*, *Stockholm*, *Stettin*, *Lübeck*, dann nach *Havre*, *London* etc. verkehren, legen in *Kronſtadt* an.

Kronſtadt gegenüber, auf der Südſeite des finniſchen Meerbuſens, 5 Meilen von *St. Petersburg* entfernt, liegt *Oranienbaum*, eine Stadt von 4 bis 5000 Einwohnern, mit einem herrlichen Park und Luſtſchloſſe. Das letztere von dem Fürſten *Mentſchikow*, dem Günſtling *Peters* des Groſsen, erbaut, iſt auf einem hohen Abhange des Meeresgeſtades gelegen, beſteht aus drei durch Colonnaden verbundenen Gebäuden, iſt mit Gärten und Orangerien umgeben, durch die ein ſchnurgerader Canal zum Meere führt, und gewährt eine prächtige Ausſicht auf die Stadt *Oranienbaum*, auf das Meer und *Kronſtadt*. Von *Oranienbaum* führt eine prächtige, durch Parkanlagen und Villen (Datſchen) verſchönerte Straſse über die kaiſerlichen Luſtſchlöſſer *Strelna* und *Peterhof* nach *St. Petersburg*. Beide Schlöſſer ſind von *Peter* dem Groſsen gegründet und von ſeinen Nachfolgern vielfach verſchönert und vergröſsert. *Peterhof* iſt beſonders durch ſeine Waſſerwerke und ſeine weitläufigen Schloſsgebäude berühmt.

Am 20. Abends fand *Familiendiner* im Winterpalais ftatt, an welchem Se. Majeftät der KAISER, Kaifer ALEXANDER von Rufsland, die Kaiferin von RUSSLAND, der Prinz von WALES und andere höchfte Herrfchaften Theil nahmen.

Bei dem Nachts von dem Minifter Grafen *Tolftoi* gegebenen *Ballfefte* erfchien Se. Majeftät der Kaifer, der ruffifche Hof und die englifchen Prinzen.

EINUNDZWANZIGSTER FEBRUAR.

Seine Majeftät der KAISER befuchte am 21. Februar Mittags mit Seinem kaiferlich-ruffifchen militärifchen Gefolge das *kartographifche Depot des Generalftabes*.
Der Kriegsminifter und der Chef des Generalftabes empfingen Se. Majeftät am Fufse der Treppe und im erften Saale ftellte der Generalftabs-Chef Sr. Majeftät die beim grofsen Generalftabe ftehenden Generale und feine Hauptmitarbeiter vor, worauf zur Befichtigung der verfchiedenen ausgeftellten Arbeiten gefchritten wurde. Se. Majeftät befichtigten zuerft die aftronomifchen, geodätifchen und topographifchen Arbeiten, die von dem ruffifchen Generalftabe in Europa und Afien ausgeführt worden find, und die Arbeiten zur Meffung des Bogens des 52. Breitegrades von Orfk über das ganze europäifche Feftland. Eine befondere Aufmerkfamkeit widmete Se. Majeftät diefer letzteren Arbeit, die 1872 ausgeführt wurde und deren Rechnungen den Oberften *Jilinfky* noch drei Jahre befchäftigen werden. Mit gleichem Intereffe hörte Se. Majeftät der Kaifer die Erläuterungen des genannten Oberften über die von ihm in den Moraftgegenden von Minfk und Volhynien zum Zwecke der Entfumpfung vorgenommenen Nivellirungsarbeiten an.

General-Major *Forfch* und Oberft *Rubendorf* hatten hierauf die Ehre, Sr. Majeftät eine Reihe von Karten und Plänen vom Gouvernement Moskau, von Befsarabien und Finnland vorzulegen, und die in neuefter Zeit erreichten Fortfchritte erfichtlich zu machen. Se. Majeftät nahm mit Intereffe die Karten von Mittel-Afien, vom europäifchen Rufsland, vom Königreiche Polen, die Stadtpläne und topographifchen Aufnahmen, die bei der

Expedition nach Khiwa ausgeführt wurden, fowie die fchönen, nach einem in Öfterreich erfundenen Verfahren auf photographifchem und galvanoplaftifchem Wege hergeftellten Karten in Augenfchein. Zuletzt hatte der Hauptmann *Prczewalfki* die Ehre, über feine Reife in der Mongolei und Tibet einen kurzen Bericht zu erftatten, und feine reichhaltigen zoologifchen Sammlungen vorzulegen. Auf dem Rückwege durch die Säle betrachtete Se. Majeftät Pläne und Anfichten *St. Petersburg* aus dem vorigen Jahrhunderte, dankte den ruffifchen Officieren, nahm eine Specialkarte von Rufsland, die neuefte Karte von Mittel-Afien und einen Plan von Moskau an, und verliefs alsdann das Inftitut nach einem Befuche von $1^1/_4$ Stunden.

Zu Ehren Sr. Majeftät des Kaifers fand Abends ein *Diner* im Michael-Palais ftatt. Se. grofsherzogliche Hoheit der Herzog GEORG von Mecklenburg-Strelitz und deffen Gemalin Ihre kaiferliche Hoheit die Grofsfürftin KATHARINA MICHAILOWNA hatten Se. kaiferliche Hoheit den Prinzen PETER von Oldenburg, Se. Excellenz den Grafen *Andrássy*, die Perfonen des Gefolges Sr. Majeftät des Kaifers, die Sr. Majeftät während des Aufenthaltes in Rufsland beigegebenen ruffifchen Generale, Se. Excellenz den Grafen *P. A. Schuwalow* und mehrere Damen der hohen Gefellfchaft geladen. Die Räume des Michael-Palais waren für diefes Feft feit Jahresfrift zum erften Male wieder geöffnet.

ZWEIUNDZWANZIGSTER FEBRUAR.

Sonntag am 22. Februar Morgens wohnte Se. Majeſtät der KAISER dem *Gottesdienſte* in der katholiſchen Kirche der *„Pagerie"* bei. Dieſelbe heiſst auch Malteſer-Kirche. *Paul I.* liefs ſie im Jahre 1799 erbauen, als er nach dem Falle *Maltas* den Johanniter-Orden aufnahm, ein Priorat in *St. Petersburg* gründete und von den Rittern zum Grofsmeiſter des Ordens gewählt wurde.

In der genannten Kirche, die beſonders von der vornehmen Welt beſucht wird, auch den Geſandtſchaften katholiſcher Höfe bei beſonderen Anläſſen dient, liegt der 1852 verſtorbene Herzog *Maximilian von Leuchtenberg*, der Gemal der Grofsfürſtin MARIA NIKOLAJEWNA und Sohn *Eugen Beauharnais*', des einſtigen Vicekönigs von Italien, begraben. Es gibt in *St. Petersburg* noch eine dritte katholiſche Kirche, die zu St. Stanislaus im vierten Stadtquartier unfern der neuen Admiralität, in den Jahren 1823 bis 1825 erbaut. Man predigt in derſelben in mehreren Sprachen, denn Franzoſen, Polen, Deutſche, Italiener, Portugieſen gehören zu ihrem Pfarrſprengel. Es wird in dieſer Kirche alljährlich ein Requiem für Kaiſer FRANZ I. von Öſterreich abgehalten.

Später beſuchte Se. Majeſtät der Kaiſer das *Haus Peters des Grofsen*, den *botaniſchen Garten* und die *kaiſerlichen Stallungen*.

Unweit der Feſtung, etwas nordöſtlich von dem dieſelbe umſchlieſsenden Canal liegt das Haus, das *Peter* der Grofse ſich gleich bei der Gründung der Stadt, 1703, unter eigener Mitwirkung erbauen liefs und bewohnte, um von demſelben aus die Bauarbeiten zu leiten. Es ift klein, aus Holz gebaut und enthält zwei Zimmer und eine Küche. Das Zimmer links, einft das Speife- und Schlafzimmer *Peters*, ift jetzt in eine Kapelle umgewandelt. Das kleine Haus enthält eine Menge Reliquien *Peters* des Grofsen und ift felbft zum Schutze in einem gröfseren Gebäude aus Eifen und Glas wie in einer Schale eingefchloffen. Es ift noch ein zweites Haus *Peters* des Grofsen vorhanden, das, fpäter erbaut als das erftgenannte, zu feiner Zeit aber fchon den Namen eines Palais in Anfpruch nahm und von *Peter* mit feiner Gemalin *Katharina* bewohnt wurde. Diefes fteht auf dem linken Newa-Ufer in der Nähe des Sommergartens und Fontanka-Canals, enthält ebenfalls manche Reliquien des Gründers von *St. Petersburg* und wird eben diefes hiftorifchen Intereffes wegen confervirt.

Als Sich am 22. Mittags Ihre Majeftäten die beiden Kaifer zu der *Parade in der Michael-Manège* begaben, hatte fich eine zahlreiche Menfchenmenge auf der Perfpective und in der Karawannaja aufgeftellt, welche mit ehrerbietigem Grufse und lebhafter Theilnahme die beiden Monarchen empfing, als Sie in einem einfpännigen Schlitten, von einem herrlichen grauen Traber gezogen, beide in ruffifcher Uniform, angefahren kamen.

Abends fand zu Ehren Sr. Majeftät des Kaifers *Ball* bei Ihrer kaiferlichen Hoheit der Grofsfürftin MARIA NIKOLAJEWNA ftatt.

Das Palais der Grofsfürftin MARIA, der älteften Schwefter Sr. Majeftät des Kaifers ALEXANDER, auch Palais Leuchtenberg genannt, gehört zu den fchönften Bauten *St. Petersburgs*. Kaifer *Nikolaus* liefs es 1844 für feine Tochter und deren Gemal, den 1852 verftorbenen Herzog *Maximilian von Leuchtenberg* erbauen. Es liegt, von der Newa aus gefehen, jenfeits der Ifaaks-Kirche am Ifaak-Square und hat eine fehr werthvolle Gemäldefammlung fowie einen Wintergarten mit exotifchen Pflanzen. Es ift mit dem gröfsten Luxus und dem feinften künftlerifchen Sinne ausgeftattet.

Von dem Balle bei der Grofsfürftin MARIA NIKOLAJEWNA begaben Sich beide Monarchen direct zum Moskauer Bahnhofe. Das vor dem glänzend erleuchteten Palais der Grofsfürftin und in den Strafsen zahlreich verfammelte Publikum begrüfste die Majeftäten mit lauten Hurrah-Rufen. Am Bahnhofe nahmen beide Majeftäten einen herzlichen Abfchied und um 1 Uhr Nachts fetzte fich der Zug nach *Moskau* in Bewegung. Grofsfürft WLADIMIR ALEXANDROWITSCH begleitete Se. Majeftät den Kaifer nach *Moskau*.

DREIUNDZWANZIGSTER FEBRUAR.

WINTERREISE.

Einer langen Eifenbahnfahrt zur Winterszeit in Rufsland fehlt es nicht an Grofsartigkeit. Die ruffifchen Bahnen find im Grofsen und Ganzen geradlinig. Es erlaubte fowohl die Bodengeftaltung in ihrer ziemlich gleichförmigen Ebenheit, als auch der verhältnifsmäfsige Mangel an gröfseren Zwifchenverkehrspunkten, die in die Eifenbahnverbindung einzubeziehen waren, und die geringe Dichtigkeit der Anfiedlungen diefe Anlage. Durch die gleichen Umftände wird eine gewiffe Einförmigkeit der Fahrt bedingt. Die Stationen liegen ziemlich weit auseinander, und nicht nur fie gleichen einander wie auf allen Eifenbahnen, fondern auch die Gegenden, die man durchfährt, und letztere vollends im Winter. Soweit das Auge reicht, ift die Erde mit Schnee bedeckt, deffen Decke in ihren weifsen Falten die Formen der Gegenftände nur ahnen läfst. Man fieht keine Strafsen und Pfade, keine Flüffe und Einfriedungen irgendwelcher Art, nur Erhebungen und Senkungen, die in dem weifsen Einerlei kaum zu unterfcheiden find. Die eingefrorenen Wafferläufe fehen nur wie breite Rinnen aus, die fich durch den Schnee fchlängeln und oft auch durch denfelben verdeckt und verwifcht find. Da und dort erheben fich röthliche Birkengehölze und dunkle Tannenwälder aus dem Schnee. Hütten aus zufammengefügten Balken mit dicken Schneelagen auf dem Dach fenden Rauchfäulen empor und unterbrechen die leblofe Einförmigkeit der Landfchaft. Der Bahn entlang ziehen fich mehrere Heckenreihen hin, um die vom Sturm daher getriebenen

Schneewehen aufzuhalten. Die weite weifse Landfchaft bietet einen Anblick von fo düfterer Grofsartigkeit dar, wie etwa der Vollmond durch das Telefkop. Man glaubt auf einem Planeten zu fein, den eine ewige Eisrinde umfchliefst, und kann fich kaum vorftellen, dafs diefe Schneemaffen bald wieder verdunften oder in den angefchwollenen Flüffen dem Meere zuftrömen werden und der Frühling diefe farblofen Ebenen wieder mit Grün und Blumen bedecken wird Der Himmel mit feinem einförmigen, tief herabhängenden Grau, das der Weifse der Erde gegenüber fahl erfcheint, erhöht noch die Düfterheit der Landfchaft. Die allgemeine Stille wird nur durch das dumpfe Braufen des Bahnzuges unterbrochen. Man fieht keinen Menfchen auf der ganzen Ebene, der Menfch bleibt zwifchen den Balkenwänden feiner Hütte, das Thier in dem Dickicht der Tannenwälder. Nur in der Nähe der Bahnftationen eilen Schlitten aus irgend einer Schneefalte querfeldein heran, um Reifende zu bringen oder abzuholen. An den grünen Thurmhelmen und Kupferdächern der Kirchen erkennt man hier auch die Ortfchaften und Städte, die übrigens meift unbedeutend, aber vielfach von den Stationen ziemlich weit entfernt find.

Die Stationsgebäude find faft durchgängig nach einem Plane gebaut, aber fehr zweckmäfsig. In ihrer Bauart wechfelt für das Auge fehr angenehm das Roth der Ziegel mit dem Weifs der Steine ab; wer indefs eines gefehen, hat faft alle gefehen. Nehmen wir z. B. eine Dinerftation auf der Nikolai- oder St. Petersburg-Moskauer Bahn. Diefe Bahn ift bekanntlich wie mit dem Lineal auf der Landkarte gezogen. Sie weicht weder nach rechts noch nach links von der geraden Linie ab und macht nicht einmal Biegung, um *Twer* zu berühren, die wichtigfte Stadt auf der Route, der oberfte Hafen der Wolga-Dampffchiffe und ein bedeutender Stapelplatz. Die Bahn geht in ziemlicher Entfernung von der Stadt vorbei. Die Dinerftation hat die Eigenthümlichkeit, dafs fie nicht an der einen Seite, fondern mitten in der Bahn fteht. Hier begegnen fich die Züge; der Petersburger fährt auf der einen, der Moskauer auf der anderen Seite des Bahnhofes vor und von beiden Seiten drängen fich die Reifenden in die Warte- und Reftaurationsfäle. Der Moskauer Zug bringt Leute aus Archangel, Tobolfk, Kiächta,

Irkutſk, Kaſan, Tiflis, dem Kaukaſus, der Krim etc. etc., die im Vorbeigehen abendländiſchen Bekannten, die der Petersburger Zug gebracht, die Hand ſchütteln. Dann ſetzt man ſich zu einem kosmopolitiſchen Mahl, bei dem mehr Sprachen geredet werden, als beim Thurmbau zu Babel. Hohe Doppelfenſter erhellen von beiden Seiten den Speiſeſaal, in dem eine angenehme Treibhauswärme herrſcht und tropiſche Pflanzen ihre breiten, ſeidenweichen Blätter entfalten. Der Luxus ſeltener Pflanzen, die man unter einem ſo rauhen Himmelsſtriche gar nicht erwartet, iſt faſt allgemein in Rußland und wird namentlich in den Paläſten der Großen gepflegt. Die Tafel iſt in der Regel ſehr gut beſtellt, mit Silberbeſtecken und Kryſtallgläſern bedeckt und mit Flaſchen aller Formen und Länder bepflanzt. Die langen Hälſe der Rheinwein-Flaſchen überragen Bordeaux-Bouteillen mit den hohen Stöpſeln und Metallkapſeln und behelmte Champagner-Bouteillen. Die berühmten Sorten ſind alle vertreten; es gibt da Chateau-Laffitte, Chateau d'Yquem, Haut-Barſac, Gruau-Laroſe, Veuve Cliquot, Röderer, Moët, Johannisberger Cabinetwein, auch die berühmten Marken engliſcher Biere fehlen nicht; kurz, es iſt ein vollſtändiges Sortiment berühmter Getränke, mit vergoldeten echten Etiquetten, lebhaften Farben und einladendem Anſehen. Kellner in ſchwarzem Gewande mit weißen Cravaten und Handſchuhen gehen umher und warten mit geräuſchloſer Eile auf. In zwei eleganten Zimmern, die an den Speiſeſaal anſtoßen, ſieht man kleine Kramläden, in denen gold- und ſilberverziertes Maroquin-Schuhwerk aus Tula, cirkaſſiſche Teppiche mit Seidenſtickerei auf Scharlachgrund, Gürtel aus Goldfäden gewirkt, Etuis mit Beſtecken aus Platina mit Gold eingelegt, Modelle der großen geſprungenen Kreml-Glocke, Doppelkreuze aus Holz mit einer Unzahl von Bildniſſen in feiner, mühſamer Arbeit und noch tauſenderlei Gegenſtände zum Verkaufe ausgelegt ſind.

Iſt die Mahlzeit vorüber und das Zeichen zur Abfahrt gegeben, ſo ſchlüpft Alles wieder in die Pelze und eilt über den kniſternden Schnee den verlaſſenen Waggons zu. Die ruſſiſchen Waggons, namentlich die der erſten Claſſe, ſind ſelbſtverſtändlich auch für den ruſſiſchen Winter gut eingerichtet. Mehrere Waggons, die durch Thüren mit einander in Verbindung ftehen, bilden eine Art von Appartement, das ein Vorzimmer mit Water-Clofet und Toilette-Cabinet hat und zur Aufbewahrung des Handgepäckes dient. Vor diefem Vorzimmer ift eine mit einem Geländer umgebene Plattform mit Seitentreppen. Öfen erwärmen das Innere der Waggons und erhalten die Temperatur auf 15 bis 16 Grad und oft noch mehr. An den Falzen der mit Eisblumen bedeckten Fenfter halten Filzeinlagen den Zutritt der kalten Luft ab und das Innere warm. In einem Waggon ziehen fich breite Divans zum Schlafen oder Sitzen an den Seiten hin, die anderen haben reichgepolfterte Sitze mit Kopflehnen. Kurz, man befindet fich wie in einem Zimmer. Die Waggons haben auch nicht Quercoupés, fondern find durch Gänge in der Mitte abgetheilt, was bekanntlich dem Reifenden auch einige Bewegung geftattet. In den anderen Claffen find die Wagen nicht fo luxuriös ausgeftattet, aber geheizt werden alle.

Ift man auf dem Bahnhof in *Moskau* angekommen, fo fieht man fich alsbald von einem Haufen von Kutfchern umringt, die ihre Schlitten anbieten und anpreifen. Hat man fich eingefetzt, fo frägt der Ifwofchtfchik nicht zuerft, wohin die Fahrt gehen folle, fondern läfst vorher noch die Pferde eine Galoppade nach irgend welcher Richtung hin machen. Der Schnee liegt in *Moskau* fo dicht oder noch dichter als in *St. Petersburg*. Die am Rande forgfältig ausgefchaufelte Schlittenbahn erhebt fich wohl einen halben Meter hoch über die vom Schnee gefäuberten Gehwege. Die Schlitten fliegen auf diefer Bahn pfeilfchnell dahin und die fchnellen Pferde fchleudern mit den Hufen die Schneeballen wie Hagel gegen das Spritzleder.

Moskau hat fich in concentrifchen Ringen um einen Mittelpunkt gebildet und gerade die äufsere Zone der Stadt ift die modernfte und am wenigften intereffante. Über die Häufer, die fich von denen in *St. Petersburg* nicht fonderlich unterfcheiden, erheben fich wohl manchmal blaue Kuppeln, zwiebelförmige Thurmknäufe, mit Zinkblech befchlagen, oder eine Kirche im Rococo-Stil kehrt ihre rothbemalte, auf den Vorfprüngen mit Schnee bedeckte Façade gegen die Strafse. Da und dort fieht man auch eine blau bemalte Kapelle, die der Winter mit einer Silberkrufte von Eis überzogen hat. Die vielbeftrittene Frage der Farbenwendung in der Architektur ift überhaupt in Rufsland längft entfchieden. Man vergoldet, verfilbert und bemalt in allen Farben die Gebäude, ohne fich äfthetifche Scrupel zu machen. Und es gibt wirklich nichts Hübfcheres als diefen reichen Farbenfchmuck in der Architektur, die im Abendlande auf ein blofses Grau, ein unentfchiedenes Gelb oder ein fchmutziges Weifs befchränkt ift. An den Ladenfchildern ftrahlen in Gold die kräftigen Buchftaben des ruffifchen Alphabets, das mit dem griechifchen verwandt ift, und für die des Lefens oder der Sprache Unkundigen geben die Aufmalungen der vorräthigen Gegenftände eine naive Ueberfetzung der Firmatafel. Man bemerkt befonders viele Badftuben und Dampfbäder, die in Rufsland fehr verbreitet und ftark befucht find.

Die Strafsen gewähren in *Moskau* im Gegenfatz zu der fchnurgeraden Anlage *St. Petersburgs* keine langen Profpecte, fie krümmen fich in mannigfachen Windungen und überfteigen namentlich im Ofttheile ein hügeliges Terrain. Überhaupt fcheinen fie mehr nach einem augenblicklichen localen Bedürfniffe als nach einem zum voraus feftgeftellten Plane angelegt, was dem Gefammteindrucke eine reichere Mannigfaltigkeit gibt und bei jeder Wendung des Weges mit einem neuen An- und Ausblick überrafcht. Die Hauptftrafsen laufen allerdings concentrifch auf den *Kreml* zu, die kleineren bilden nur Verbindungsftrafsen. Die Häuferreihen werden vielfach von grofsen Gärten unterbrochen, in deren Mitte Häufer von mehr ländlichem Charakter, oft auch elegante Villen ftehen, oder Teiche liegen, deren es in *Moskau* ein paar Hunderte gibt. Auch grofse Felder liegen noch innerhalb der Ringmauer der Vorftädte und die Vorftädte felbft ziehen fich nicht gleichförmig hinaus; während die im Jaufa-Thal gelegene fich fünf Werft (etwa eine und eine halbe Stunde) weit hinzieht, beträgt die Länge der nach der Serpuchow'fchen Barrière gelegenen Vorftadt nur zwei Werft.

Eine Eigenthümlichkeit, die bemerkt zu werden verdient, fo gut als die Taubenfchwärme auf dem Marcus-Platze zu Venedig, find die unabfehbaren Heere von *Dohlen*, die man in *Moskau* zu fehen bekommt. Wenn fie am Abend von allen Seiten in ganzen Schichten dem *Kreml* zufliegen, fo verdunkeln fie wie fchwarze Wolken den

Himmel und man hört ob dem Raufchen ihres Flügelfchlages und ihrem Gekrächze fein eigenes Wort nicht. Zuerft kommt der ausfchwärmende Vortrab, dann von Minute zu Minute dichtere Schaaren in einer Ordnung, wie wenn fie einem Führer folgen würden. Die Schaaren vereinigen fich, fchweben aufwärts und abwärts, befchreiben Kreife und machen ein Geräufch wie ein nahendes Gewitter. Endlich fcheint der geflügelte Schwarm einen Entfchluss zu faffen und jeder Vogel eilt feinem Nachtlager zu. In einem Augenblicke find die Kuppeln, Thürme, Dächer und Zinnen von fchwarzen, krächzenden Schwärmen umfchwirrt, um jedes Plätzchen wird mit dem Schnabel geftritten, nach und nach legt fich der Lärm, jeder Vogel hat fich eingeniftet, fo gut als eben ging, man fieht keinen Schwarm mehr und der Himmel, der eben noch von fchwarzen Punkten wie befäet war, ift wieder rein. Man frägt fich wo diefe Vögel, die nach Hunderttaufenden zählen und die Cadaver eines Schlachtfeldes auf einmal aufzehren könnten, nur ihre Nahrung finden mögen, befonders wenn der Boden durch fechs Monate unter einer dichten Schneedecke liegt? Dennoch erfcheinen fie voll Lebhaftigkeit und lärmender Fröhlichkeit.

MOSKAU.

Moskau, die alte Hauptftadt des ruffifchen Reiches, ift 85 Meilen von *St. Petersburg* entfernt und mit demfelben feit 1851 durch die Nikolai-Bahn verbunden. Es liegt im Centrum des Reiches, an den Flüffen Moskwa und Jaufa, die fich innerhalb der Stadt vereinigen, in einer hügeligen, fruchtbaren und reich angebauten Gegend und umfafst folgende fünf Haupttheile, die durch Mauern oder Boulevards von einander getrennt find: 1. den *Kreml*, den älteften Theil und die Akropolis der Stadt; 2. *Kitaigorod*, wörtlich Chinefenftadt, die befonders durch ihren grofsen Kaufhof, den Goftinoi-Dwor, und durch die Kaufläden vieler Armenier, Perfer, Bucharen und Tataren bemerkenswerth ift; 3. *Beloigorod*, die weifse, auch Czarenftadt, mit fchönen Paläften und Staatsgebäuden, wie dem Gouvernementspalaft etc.; 4. *Semlänoigorod*, Landftadt mit vielen Holzhäufern, Kafernen, Magazinen; 5. die *dreifsig Sloboden* oder Vorftädte, die fämmtlich noch zur eigentlichen Stadt gehören und auch von Wall und Graben umfchloffen find.

Moskau ward 1147 von dem Grofsfürften *Jurje (Georg) Wladimirowitfch Dolgoruki* von Kiew gegründet, der von der Schönheit der Gegend überrafcht, an der Stelle, wo fich jetzt der *Kreml* befindet, eine hölzerne Stadt erbaute. Seither ward es wiederholt durch Feuer oder Feinde zerftört und verwüftet, erhob fich aber jedesmal gröfser und fchöner aus den Ruinen, am glänzendften nach dem welthiftorifchen Brande von 1812. Schon diefe erprobte Lebenskraft der Stadt zeigt, dafs fie keine willkürliche, künftliche Schöpfung ift, fondern ihre Gröfse und Blüthe geographifchen, ethnographifchen und hiftorifchen Verhältniffen verdankt. Sie liegt im Mittelpunkte von Grofs-Rufsland, das geographifch und ethnographifch der Haupttheil des Reiches und auch deffen meift bevölkerter ift, fteht durch die fchiffbare Moskwa und Oka mit der Wolga und ihrem ganzen Netz von Wafferftrafsen in Verbindung und hat weftlich vor fich das grofse Völkerthor zwifchen Düna und Dniepr, das fo viele Völker- und Heereszüge nach Often oder nach Weften paffirten.

Um die Mitte des 13. Jahrhundertes nannten fich einige von den ruffifchen Theilfürften fchon Fürften von *Moskau*.

Im Anfang des 14. Jahrhundertes verlegten zuerft der Metropolit von Wladimir, das oberfte Kirchenhaupt der Ruffen, und bald darauf die Grofsfürften von Wladimir ihren Sitz nach *Moskau*, das feit 1328 die Haupt- und Refidenzftadt der Fürften blieb, die fich zuerft Grofsfürften von *Moskau*, dann ruffifche Czaren nannten, von hier aus die ruffifchen Theilfürftenthümer wieder zu einem Reiche vereinigten und die Feinde Rufslands, die Tataren, Türken, Lithauer, Polen, Schweden etc. zurückfchlugen. So ward *Moskau* die Central- und Lieblingsftadt des ganzen ruffifchen Volkes, das „*heilige Moskau*", die „*Mutter Moskau*" und ward dazu noch der Hauptftapel- und Marktplatz des ruffifchen Binnenhandels. Es hat hiefür durch die bei *Nifchnei-Nowgorod* in die Wolga mündende Oka die geradefte und längfte Wafferftrafse nach Often und auch mit Don, Dniepr und Düna leichte Verbindungen.

Heute ift *Moskau* räumlich nach *Conftantinopel* die gröfste Stadt Europas, es hat einen Umfang von fechs Meilen und zählt jetzt über 600.000 Einwohner. Die vielfach überbrückte Moskwa durchfliefst die Stadt in Schlangenwindungen und nimmt innerhalb derfelben aufser der Jaufa mehrere Bäche auf. In der Mitte der Stadt, am linken nördlichen Ufer der Moskwa auf einem hundert Fufs hohen Hügel liegt der *Kreml*. Der *Kreml* (Feftung, Burg) gleicht in mancher Hinficht der Alhambra, er nimmt wie diefe das Plateau eines Hügels ein, der von einer mit Thürmen flankirten Mauer eingefafst ift. Er hat Paläfte, Kirchen und Plätze, der Thurm Iwan Weliki hat einige Ähnlichkeit mit dem Vela-Thurm der Alhambra und wie von diefer, fo hat man auch vom *Kreml* aus einen Ausblick, der einen unvergefslichen Eindruck in dem Befchauer zurückläfst. Von aufsen fieht der *Kreml* faft noch orientalifcher aus als die Alhambra durch feine maffiven, röthlichen Thürme, an denen äufserlich nichts die Pracht des Inneren errathen läfst. Zwifchen den Thürmen fcheinen von ferne unzählige fchimmernde Kuppeln und Thurmfpitzen wie Goldkugeln emporzufteigen. Eine blendend weifse, über 7000 Fufs lange Mauer mit Zinnen umfchliefst den *Kreml* wie ein Silberkorb einen Straufs von goldenen Blumen, und wenn vollends der Winter diefe fremdartigen Formen mit fchimmerndem Reif überzieht, fo glaubt der abendländifche Befucher eine der märchenhaften Feenftädte aus „Taufend und eine Nacht" vor fich zu haben.

Der *Kreml* hat fünf Thore. Die Mauern und alterthümlichen Thürme find im Jahre 1812 theilweife von den abziehenden Franzofen gefprengt worden, wurden aber fpäter wieder hergeftellt. Das berühmtefte diefer Thore ift das auf der nordöftlichen Seite gelegene Spafkoi- oder Erlöferthor, fo benannt nach einem hochverehrten, aus Smolenfk hieher gebrachten Bilde des Erlöfers, das ober der Durchfahrt in einer von ewigen Lichtern umgebenen Nifche angebracht ift. Das Thor geht durch einen viereckigen Thurm von drei Stockwerken, die nach oben zu zurücktreten. Der achteckige, an den Kanten vergoldete Thurmhelm fitzt auf einem Kranz von offenen Arkaden und trägt auf der Spitze einen Doppeladler. Das zweite Stockwerk zeigt auf jeder der vier Aufsenfeiten ein riefiges Uhrzifferblatt. Ein zweites Thor ift das Nikolaus-Thor, nach einem Bilde des heiligen Nikolaus fo genannt, ebenfalls ein Thorthurm, am Ende des 15. Jahrhundertes erbaut. Napoleon zog durch dasfelbe in den *Kreml* ein und liefs es beim Abzuge theilweife zerftören. Betritt man den *Kreml* durch das Erlöferthor, fo kommt man auf die Esplanade, einen von Paläften, Kirchen und Klöftern eingefäumten Platz. Unterhalb diefer Esplanade, welche die Plattform des Kreml-Hügels bildet und die Hauptgebäude enthält, fchlängelt fich die crenelirte, mit Thürmen flankirte Mauer herum, über die hinweg das Panorama von *Moskau* ausgebreitet vor dem Blicke liegt. Man fieht die Moskwa durch die Stadt und an dem *Kreml* vorbei fich fchlängeln, eingefafst von breiten, mit Hotels und fchönen Häufern befetzten Quais, das endlofe Häufermeer und die Hunderte von Thürmen und Kuppeln der Kirchen.

Es ift ein prachtvoller, bezaubernder Anblick, wenn man zur Winterszeit vom *Kreml* aus über die fächerartig um denfelben ausgebreitete Stadt hinfieht. Über die fchneebedeckten Dächer, die wie die Schaumfpitzen gefrorner Wogen ausfehen, erheben fich wie Klippen oder Schiffe die höheren Maffen der öffentlichen Gebäude, der Kirchen und Klöfter; die vielen Kuppeln mit dem griechifchen Kreuze, die Glockenthürme mit den Turbandächern, die fpitzen, fechs- oder achteckigen Thurmhelme mit durchbrochenen Kanten runden fich ab, öffnen fich, fpitzen fich zu über dem unbeweglichen Gewirr der befchneiten Bedachungen. Die vergoldeten Kuppeln heben fich mit wunderbarer Klarheit vom Gefichtskreife ab, das Sonnenlicht fammelt fich darin in einem Sterne, der wie eine Lampe fchimmert. Die Kuppeln von Silber und Zink fcheinen auf den Kirchen wie Monde zu fchweben; weiterhin erglänzen blaue, fternbefäete Thurmhelme, Dächer aus getriebenem Kupfer, grün bemalt und von einigen Schneeftreifen durchzogen. Mit der zunehmenden Entfernung verfchwinden die Einzelnheiten felbft dem bewaffneten Auge und man nimmt blos noch ein blitzendes Gewirr von Kuppeln, Thurmhelmen, Thürmen aller erdenklichen Formen wahr, die fich in dunklen Linien von dem bläulichen Hintergrunde abheben und ihre Form durch einen goldenen, filbernen, blauen oder grünen Streifen abzeichnen. Keine Stadt, felbft nicht Venedig, bietet einen fo eigenthümlichen Anblick dar.

Die Zahl der Kirchen und Kapellen in *Moskau* foll zwifchen drei- und vierhundert betragen. Im *Kreml* felbft gibt es nicht weniger als fünf. Die ältefte und berühmtefte desfelben ift die *Himmelfahrtskirche* (Ufpenfki-Sabor), in welcher die Kaiferkrönungen vollzogen werden. Sie wurde unter Iwan III. gegen Ende des 15. Jahrhundertes von dem Baumeifter Fioraventi aus Bologna erbaut. Die Kirche bildet nahezu ein Viereck, ihre grofsen Mauern ftreben mit ftolzem Schwunge gerade empor. Vier ungeheure, thurmdicke Pfeiler tragen die Hauptkuppel, die nach afiatifchem Stile auf einem platten Dache fitzt und von vier kleineren Kuppeln umgeben ift. Diefe einfache Anordnung macht einen grofsartigen Eindruck und die maffiven Pfeiler geben ohne Schwerfälligkeit dem Schiffe der Kirche einen ftarken Halt und eine aufserordentliche Feftigkeit. Das Innere der Kirche ift ganz mit Bildern auf Goldgrund im byzantinifchen Stile bedeckt. Selbft die Pfeiler find mit Bilderreihen umwunden, wie die Säulen der egyptifchen Tempel und Paläfte. Es gibt nichts Frappanteres als diefe Decoration, in der Taufende von Bildniffen wie eine ftumme Menfchenmenge den Zufchauer umgeben, auf und ab an den Wänden oder in Reihen wie Feftzüge, von den Wölbungen und Kuppeln herabfehend, eine Deckenzier aus Menfchengeftalten in unbeweglichem Gewirre. Das fchwache, gut vertheilte Tageslicht erhöht noch den geheimnifsvollen Eindruck. Die ernften griechifchen Heiligengeftalten gewinnen in der fahlen, röthlichen Beleuchtung ein faft ftarres Ausfehen, fie fehen den Befchauer mit feftem Blicke an und die zum Segnen ausgeftreckte Hand fcheint zu drohen. Unter die düfteren Gewänder der heiligen Mönche und Einfiedler mifchen fich die glänzenden Rüftungen und kühnen Gefichter der kämpfenden Erzengel und heiligen Ritter. Das Innere der Marcus-Kirche in Venedig mit dem Ausfehen einer vergoldeten Höhlung gibt einen Begriff von der Himmelfahrts-Kathedrale, nur dass das Schiff der Moskauer Kirche mit einem Schwung zum Himmel emporftrebt, während die Wölbung von San Marco fich wie eine Krypta verliert.

Die Ikonoftafe, eine hohe Vermeilwand von fünf Bilderreihen übereinander, die ausfieht wie die Façade eines Goldpalaftes, blendet das Auge durch fabelhafte Pracht. Durch die Ausfchnitte der goldenen Wand fchauen die braunen Gefichter und Hände der Madonnen und Heiligen hervor. In ihren Strahlenkronen blitzen Edelfteine und die befonders verehrten Bilder haben noch Bruftkreuze und Halsbänder von Diamanten, Saphiren, Rubinen, Smaragden, Amethyften, Perlen, Türkifen. In koftbaren Schreinen find die Reliquien der Kathedrale verwahrt, darunter die heilige Jungfrau von Wladimir, ein dem heiligen Evangeliften Lucas zugefchriebenes Bild. Es ift mit einem Diamant im Werthe von mehr als 100.000 Francs gefchmückt und die maffive Einfaffung beträgt noch das Doppelte und Dreifache jenes Werthes. Ein ungeheurer filberner Kronleuchter von fchöner Arbeit mit 46 Armen hängt von der Hauptkuppel herunter.

Die *Erzengelkathedrale* (Archangelſki Sabor), deren Façade der Himmelfahrtskirche ſchräg gegenüber ſteht, iſt von dieſer Kirche nur wenige Schritte entfernt und weicht im Baue nicht weſentlich von ihr ab. Sie ſtammt aus dem Anfang des 16. Jahrhundertes. Es iſt dasſelbe Syſtem von zwiebelförmigen Kuppeln, maſſiven Pfeilern, goldſtrahlenden Ikonoſtaſen, byzantiniſchen Malereien, womit das Innere wie austapeziert iſt. Nur ſind hier die Bilder nicht auf Goldgrund gemalt und gleichen eher Fresken als Moſaiken. Sie ſtellen Scenen aus dem jüngſten Gerichte dar, dann in Lebensgröfse die Czaren aus den Häuſern Rurik und Romanow, die hier begraben liegen: Schuiſkoi, Boris Gudonow, Iwan der Schreckliche, ſein Sohn Demetrius u. ſ. w. bis auf Iwan, den Bruder Peters des Grofsen, von den Kaiſern nur der in Moskau verſtorbene Peter II. Auch die Patriarchen von Moskau haben hier an den Seitenwänden der Kathedrale ihre Begräbniſsſtätten. Die Czarengräber ſind mit reichen Teppichen bedeckt, ſonſt aber ohne Bilderſchmuck.

Die an den Czarenpalaſt anſtofsende Kathedrale zu *Mariä Verkündigung* (Blagoweſchtſchenſki Sabor) wurde zu Ende des 14. Jahrhundertes erbaut. Sie war einſt die Tauf- und Trauungskirche der Czaren und iſt bemerkenswerth durch viele alte Fresken und Bronzethüren mit noch unerklärten Bildern und Inſchriften, dann durch einen Pfeiler mit den Kreuzen, welche die Czaren einſt um den Hals trugen.

Im *Kreml* ſteht ferner noch die *Erlöſerkirche,* eine der älteſten Kirchen von *Moskau*. Sie iſt nur klein, hat 12 kleine Kuppeln, wurde wie die, anderen 1812 von den Franzoſen geplündert, aber ebenfalls wie die anderen in der Folgezeit von den Kaiſern ALEXANDER I. und NIKOLAUS I., der kaiſerlichen Familie und Privatleuten ſo reich beſchenkt, daſs ſie von Gold und Silber ſtrotzt.

Die Sakriſtei und Kapelle im alten Patriarchen-, jetzigen *Synodalpalaſte* iſt überaus reich an alterthümlichen Kirchenornamenten, die gleich werthvoll ſind durch den Reichthum der Stoffe, wie durch die Arbeit und Kunſt. Der Palaſt enthält auch eine Bibliothek mit über 700 ſlaviſchen Handſchriften.

Aufserhalb des *Kreml*, im Stadttheil *Kitaigorod* an der *Krasnaia*, dem fogenannten rothen Platze, deffen eine Seite die lange Façade des Kaufhofes (Goftinoi-Dwor) einnimmt, während die Ringmauer des *Kreml* eine andere bildet, fteht die *Kathedrale zu Mariä Schutz* (Pakrowfki Sabor), in der Volksfprache auch Waffili-Blafchenoi genannt, ein ganz abfonderliches Bauwerk mit zwanzig Kuppeln, Thürmen und Thürmchen, an das fich auch die vielfach vorkommende Sage geknüpft hat, dafs der Bauherr, Iwan der Schreckliche, dem Baumeifter, einem Italiener, die Augen habe ausftechen laffen, damit er nicht mehr ein ebenfo herrliches Bauwerk anderswo herftellen könne.

Auf einer von Niederungen ifolirten Plattform erhebt fich eine ganz abfonderliche, unzufammenhängende wunderbare Anhäufung von Gelaffen, Zellen, Aufsenftiegen, Arcaden-Galerien, Nifchen und Vorfprüngen, unfymmetrifchen Hallen, von einander gegenüber liegenden, wie nach Laune und Zufall durchgebrochenen Fenftern, von unbefchreiblichen Bauformen, ein Abbild der inneren Raumvertheilung, wie wenn der Baumeifter von innen heraus den Bau aus getriebener Arbeit hergeftellt hätte.

Auf dem Dache diefer Kirche, die einer indifchen, chinefifchen oder tibetanifchen Pagode gleicht, erhebt fich ein Wald von Glockenthürmen der feltfamften Form. Der in der Mitte, der höchfte und dickfte, hat mehrere Stockwerke bis zum Thurmkranze. Die hohen, mit Kreuzen verfehenen Fenfter find im unteren Stockwerke mit Säulchen und gezackten Rahmen, in den oberen mit Pilaftern eingefafst, dann kommen mehrere Reihen von gedeckten Galerien übereinander. Die Kanten des Thurmhelmes find durch riegelartige Schäfte gezackt, das Ganze wird überragt durch eine Laterne, auf der ein vergoldeter Knauf in Form einer umgekehrten Zwiebel ruht, das Doppelkreuz auf der Spitze tragend.

Die anderen Thürme von geringerer Höhe und Dicke ahmen Minaretformen nach und ihre phantaftifch ausgearbeiteten Thürmchen fchliefsen in den bizarren Ausbauchungen ihrer zwiebelförmigen Kuppeln ab. Die einen der letzteren find zu Facetten ausgehämmert, andere gefchuppt wie Ananas, die dritten von fpiralförmigen Reifen umzogen, noch andere fehen aus wie Bienenzellen und alle tragen ein Kreuz mit vergoldeten Kugeln auf der Spitze. Das phantaftifche Ausfehen der Kirche wird noch gehoben dadurch, dafs fie von unten bis oben in den verfchiedenartigften Farben, die jedoch einen harmonifchen Gefammteindruck hervorbringen, bemalt ift. Alle Formen des Baues find durch Roth, Blau, Apfelgrün, Gelb hervorgehoben. Die Säulchen, Capitäler, Bogen, Ornamente find in verfchiedenen Farbentönen bemalt, die ihnen ein kräftiges Relief geben. Auf den feltenen Mauerflächen fieht man Felder mit Blumentöpfen, Rofenfträuchen, Gewinden und Thiergeftalten.

Die Raumvertheilung und Ausfchmückung des Inneren entfpricht dem Äufseren. Eine niedere Kapelle beim Eingang, in der einige Lampen flackern, gleicht einem goldenen Gewölbe. Das Licht fällt in Streifen zwifchen die fahlen Schatten und gibt den ernften Heiligenbildern ein myftifches Ausfehen. Die Mofaikbilder der Marcus-Kirche in Venedig können eine annähernde Vorftellung von dem erftaunlichen Reichthum diefes Anblickes geben. Im Hintergrunde erhebt fich die Ikonoftafe wie eine Wand von Gold und Edelgeftein in einem von Lichtftreifen durchzogenen Halbdunkel.

Waffili-Blafchenoi hat nicht wie die anderen Kirchen ein einziges, aus verfchiedenen zufammenhängenden Abtheilungen beftehendes und an beftimmten Punkten nach den Anforderungen des Ritus abgetheiltes Schiff. Das Gebäude ift ein ganzes Bündel von Kirchen und Kapellen, die von einander gefchieden find. Jeder Glockenthurm überwölbt eine folche und ihre Wölbung bildet eben die Innenfeite des Thurmhelmes oder der Kuppel. Diefe Wölbungen find übrigens wunderbar ausgemalt und vergoldet, dasfelbe gilt von den mit Bildern bedeckten Wandflächen. Die Bilder zeigen eine künftliche hieratifche Barbarei, deren Schablone die Mönche vom Berge Athos von Jahrhundert zu Jahrhundert bewahrt haben und die in Rufsland den unaufmerkfamen Befchauer oft über das Alter eines Denkmals täufcht.

Der höchfte Thurm *Moskaus* ift der *Iwan Weliki* (grofse Iwan) im *Kreml*. Er ift ein freiftehender, achteckiger Thurm, hat drei Stockwerke mit Abfätzen, wovon das oberfte über einem

Gürtel von Ornamenten in einen kleinen Rundthurm übergeht und mit einer ausgebauchten, im Feuer vergoldeten Kuppel abfchliefst, die über fich noch das auf einen Halbmond gepflanzte griechifche Kreuz trägt. Das frühere Kreuz hatte Napoleon 1812 herabnehmen laffen, um es nach Paris zu fchaffen, wohin es aber in der bekannten Rückzugskataftrophe nicht gelangte. In jedem Stockwerke läfst eine an den Thurmecken unterbrochene Bogenreihe die Erzwand einer Glocke fehen. Der Thurm hat zweiunddreifsig Glocken, darunter die berühmte Sturmglocke von *Grofs-Nowgorod*, welche einft die Nowgoroder Bürger zu den oft ftürmifchen Volksverfammlungen berief und nach Befiegung der Stadt nach *Moskau* überführt wurde.

Eine andere Glocke, 1819 gegoffen, wiegt 1200 Centner. Sie ift aber noch klein gegen die *Anna Iwanowna*, die berühmte Riefenglocke, die gröfste der Welt, die neben dem Thurme auf einem Granitfockel fteht, in welchen eine Thüre führt. Sie fieht aus wie ein Erzzelt, um fo mehr, als ein grofser Bruch in der Glockenwand, durch den ein Mann aufrecht gehen kann, gleichfam einen Eingang bildet. Die Glocke hat zwanzig Fufs im Durchmeffer, ift 19 Fufs hoch und wiegt 4400 Centner. Sie wurde im Jahre 1735 unter der Kaiferin *Anna Iwanowna*, nach der fie auch den Namen hat, gegoffen an Stelle einer anderen, die 1701 bei einem Brande gefchmolzen war. Schon im Jahre 1737 ftürzte die neue Glocke bei einem abermaligen Thurmbrande herab und erlitt den bereits erwähnten Bruch. Das ausgebrochene Stück fteht jetzt neben der Glocke. Die letztere, die lange halb in den Boden und Schutt verfunken war, erhielt ihre jetzige Aufftellung durch *Montferrand*, den Erbauer der *St. Petersburger* Ifaaks-Kirche. Napoleon foll 1812 einen vergeblichen Verfuch gemacht haben, fie nach Paris fchaffen zu laffen. Die Glocke ift fchön durch ihre enormen Dimenfionen; der Reiz der Ungeheuerlichkeit, eine etwas monftröfe und wilde Schönheit geht ihr nicht ab. Ihre Wand biegt fich in weiter, mächtiger Krümmung aus und ift mit feinen Verzierungen umrahmt. Eine Kugel mit einem Kreuze bildet die Krone der Glocke, die durch die Reinheit der Verzierung und die grüne Patina des Metalles fchön wirkt.

DER KREML.

Im *Kreml* befinden fich an kaiferlichen Paläften: Bolfchoi-Dworetz (das grofse Schlofs) und Maloi-Dworetz (das kleine Schlofs) und dann noch das Nikolai-Palais. Bolfchoi-Dworetz ift der nach der franzöfifchen Invafion von *Alexander I.* in altruffifchem Stile neu erbaute und eingerichtete Czarenpalaft, der nach feinem Wiederherfteller auch Alexanderfki-Dworetz heifst. Das Hauptgebäude war von den Franzofen fo verwüftet worden, dafs ein Neubau nothwendig wurde. Aus der alten Zeit find aber noch erhalten und mit dem Palafte verbunden auf der einen Seite die Terema — ein viereckiges, achtftöckiges Gebäude mit Aufsengalerien und fo gebaut, dafs die Stockwerke über einander zurücktreten, fo dafs das oberfte ganz klein ift und der ganze Bau einem ausgezogenen Perfpective gleicht — auf der anderen Seite die Granowitaja Palata, der „facettirte Palaft", von den Rauten feiner Aufsenfeite fo benannt. Diefer Bau ift von Iwan IV. aufgeführt, fein ganzes Innere nimmt der fogenannte goldene Saal ein, der in der Mitte von einem gewaltigen Pfeiler geftützt wird. Vergoldete eiferne Gurten laufen von dem Mittelpfeiler an den Wölbungen hin und Malereien heben fich von dem matten Goldgrunde ab. Die Bogenbänder tragen Sprüche in altflavifcher Schrift. Der Eindruck des ganzen Saales ift reich und frappant. Der Saal wird jetzt nur noch bei Krönungen benützt und bei jeder neu ausgefchmückt. Das Innere des Czarenpalaftes oder des grofsen Schloffes fpottet im Bau faft der Befchreibung. Es ift wie wenn Zimmer und Gänge nach Willkür und ohne feftgeftellten Plan in einen ungeheueren Steinblock gebrochen worden feien, fo verfchlingen fie fich durch einander, ändern Flur und Flucht nach phantaftifcher Laune. Man geht wie in einem Labyrinth umher, da fchliefst ein Gitter, das fich geheimnifsvoll öffnet, den Weg ab, dort mufs man fich durch einen dunkeln, engen Gang winden, dann geht man wieder über den ausgezackten Kranz eines Gefimfes und fieht die Kupferplatten des Daches, die Knäufe der Glockenthürme; man fteigt Treppen hinauf und hinab, fieht aus der Ferne durch vergoldetes Gitterwerk den Wiederfchein einer Lampe an den Goldarbeiten einer Ikonoftafe und kommt dann wieder in einen Saal von reicher Verzierung und Pracht. Einige gewölbte Säle find fo niedrig, dafs ein hochgewachfener Mann kaum aufrecht darin ftehen kann. In folchen Gemächern brachten einft die Frauen des Czarenhofes die langen Stunden des ruffifchen Winters zu. Diefe bunt bemalten Gelaffe, deren Palmen, Zweige und Blumen an die Zeichnungen der Kafchmire erinnern, fehen aus wie afiatifche Paläfte ins Polareis verpflanzt. Der altmoskowitifche Gefchmack, der fpäter durch eine Nachahmung abendländifcher Kunft alterirt ward, erfcheint hier in feiner ganzen urfprünglichen Eigenart und Kraft. Von unerfchöpflicher Phantafie ift die Ausfchmückung diefer Zimmer, in denen Gold, Grün, Blau, Roth fich mifchend, einen phantaftifchen Eindruck hervorbringen. Ohne alle Rückficht auf Regelmäfsigkeit thürmt fich der Bau wie Seifenblafen empor. Jedes Gelafs fügt fich den Winkeln und Seitenflächen des anftofsenden ein und das Ganze erglänzt in den bunten Farben des Regenbogens.

Das neue oder kleine Schlofs, übrigens auch ein Bau von gewaltiger Ausdehnung, wurde unter Kaifer NIKOLAUS I. in den Jahren 1838 bis 1849 erbaut. Es fticht durch feinen modernen Palaftftil von der Romantik der anderen Bauten des *Kreml* ab. Man tritt in diefen Palaft über eine monumentale Treppe, deren oberer Abfatz von einem prächtigen polirten Eifengitter abgefchloffen wird. Hat man diefe hinter fich, fo befindet man fich unter der hohen Wölbung eines kuppelförmigen Saales, in welchem vier in altflavifche Rüftungen gefteckte Figuren von täufchender Natürlichkeit gleichfam Schildwache ftehen. Von diefer Rotunde laufen zwei mit unermefslichen Reichthümern angefüllte Galerien aus, die Schatz- und die Rüftkammer, an deren

Inhalt der hiftorifche Werth den materiellen noch erhöht. In der Schatzkammer blitzen und fchimmern Diamanten, Saphire, Rubinen, Smaragde und alle anderen Edelfteine in einer Fülle, als ob fie eitel Glas wären. Sie umranken die Kronen, glänzen auf den Knäufen der Scepter und liegen wie funkelnde Regentropfen auf den Kroninfignien, bilden Arabesken und Namenszüge und laffen die goldene Einfaffung faft nicht hervortreten. Das Auge wird von dem Glanze und Reichthum ganz geblendet. Eine der älteften Kronen ift die des Grofsfürften von Kiew, *Wladimir II. Monomachos*, Vaters des Gründers von *Moskau* (geftorben 1125). Sie ift ein Gefchenk des byzantinifchen Kaifers *Alexios Komnenos*, und wurde durch eine griechifche Gefandtfchaft 1116 aus Conftantinopel nach Kiew gebracht. Diefe Krone ift nicht nur durch Alter und Herkunft ausgezeichnet, fondern auch eine Arbeit von ausgefuchtem Gefchmacke. Auf Goldfiligran find Perlen und Edelfteine mit bewunderungswürdiger Zierlichkeit eingefügt und vertheilt. Die Kronen von Kafan und Aftrachan zeigen orientalifchen Gefchmack, die eine ift mit Türkifen befäet, die andere am Knauf mit einem ungewöhnlich grofsen ungefchliffenen Smaragd gefchmückt. Die Krone von Sibirien ift aus Goldbrocat, trägt wie die anderen ein griechifches Kreuz und ift ebenfalls mit Diamanten, Saphiren und Perlen befäet. Der goldene Scepter des Grofsfürften *Wladimir Monomachos*, faft einen Meter lang, ift mit 168 Diamanten, 360 Rubinen und 15 Smaragden gefchmückt. Die Emails an den von den Edelfteinen freigelaffenen Stellen find im byzantinifchen Stile gehalten und behandeln religiöfe Gegenftände. Der Scepter ift ebenfalls ein Gefchenk des Kaifers *Alexios Komnenos*, ebenfo ein Reliquienkäftchen in Kreuzesform. Ein eigenthümliches Stück ift die Kette des erften *Romanow*, an der auf jedem Ringe ein Gebetfpruch und ein Titel des Czaren eingravirt ift.

In einem befonderen Saale find die Throne aufgeftellt, der ältefte davon ift der von *Wladimir Monomachos* aus dem Jahre 1113. Er ift aus Nufsbaumholz und hat einen auf vier Säulen ruhenden Thronhimmel. Basreliefs auf zwölf Feldern an dem Throne ftellen Begebenheiten aus dem Leben *Wladimirs* dar, und zwar einen

Kriegszug gegen Conftantinopel mit den Vorbereitungen dazu, den Kriegsrath, den Ausmarfch und den Angriff auf die griechifche Hauptftadt, eine griechifche Friedensgefandtfchaft, ihre Reife nach Kiew und *Wladimirs* Krönung durch die Gefandten. Einen Thron von Elfenbein mit Schnitzereien, die Menfchen und Thiere darftellen, verziert, brachte die Gemalin *Iwans III. Sophia Paläologa*, eine Nichte des letzten oftrömifchen Kaifers *Conftantin IX.*, der auf den Mauern feiner von den Türken erftürmten Hauptftadt 1453 gefallen war, 1474 als Brautgefchenk mit. *Iwan III.* nahm in Folge diefer ehelichen Verbindung als Rechtsnachfolger der Paläologen den Doppeladler ftatt des flavifchen Reiters zum Reichswappen. Diefer Elfenbeinthron ift 1856 zur Krönung ALEXANDERS II. reftaurirt worden. Der Thron von *Boris Godunow* ift ein Gefchenk von *Abbas*, Schah von Perfien und mit 8880 Türkifen gefchmückt. Der Thron von *Alexis*, dem Vater *Peters des Grofsen*, zeigt im Stile orientalifche Gothik. Seitenwände und Rücklehne find in Gold gearbeitet, mit Arabesken verziert und mit 876 Diamanten, 1224 anderen Edelfteinen und einer Unzahl von Perlen gefchmückt. Auf der Rücklehne halten zwei Engel die ruffifche Krone. Der Doppelthron der Söhne des Czaren *Alexis, Iwan* und *Peter,* ift aus maffivem Silber en vermeil, Hamburger Arbeit. Der Sitz ift durch eine Scheidewand gefondert. Der polnifche Königsthron wurde 1833 hieher gefchafft. Nach den Thronen kommen Scepter, Helme, Panzer und Schilde, dann die Krönungsgewänder verfchiedener ruffifcher Herrfcher, Traghimmel und andere bei den Krönungen gebrauchte Gegenftände.

Das goldene und filberne Tafelgefchirr ift in einem eigenen Saale vereinigt. Um die Pfeiler ftehen kreisförmige Credenzen und auf ihnen eine aufserordentlich grofse Zahl von Gefchirren aller Art: Schüffeln, Platten, Teller, Kannen, Krüge, Pokale, Becher, Taffen, Becken in den mannigfaltigften Formen, die nur jemals Gefchirren gegeben wurden. Und wie reich, phantaftifch, grotesk ift die Verzierung diefer Gold-, Silber- und Vermeilgefäfse! Da tanzen fröhliche Geftalten ein Bacchanale um den Bauch eines Humpens, dort findet fich Blätterwerk oder eine Jagd dargeftellt, ein römifcher Triumphzug mit Pofaunen und

Standarten, Israeliten in holländifcher Tracht, welche die berühmte Traube aus dem gelobten Lande bringen, Drachen mit geringeltem Schwanze, antike Medaillen, in die Wandfläche eines Humpens eingefetzt, Geftalten und Scenen aus der Mythologie etc. etc.

Einige Gefchirre haben Thierformen, ftellen Bären, Schwäne, Enten, Adler, Hirfche dar, oder auch beflaggte Schiffe. Sie find zumeift deutfche Arbeit, in Silber getrieben, aus Augsburg, dem 17. Jahrhunderte angehörend.

Die Waffen- und Rüftkammer enthält eine überaus reiche Sammlung erbeuteter oder gefchenkter Waffen und Rüftungsftücke, prächtige Pferdegefchirre, meift türkifche oder perfifche Gefchenke, cirkaffifche Helme, Panzerhemden mit Koranverfen, Schilde mit Buckeln aus Filigran, türkifche Säbel mit Nephrit- (Nierenftein-) Griffen und edelfteingefchmückten Scheiden, alte deutfche und ruffifche Rüftungen und Feuerwaffen modernfter Conftruction u. f. w. u. f. w.

Unter den zahlreichen und prachtvollen Sälen des Palaftes find vor Allem zu nennen die Capitelfäle der verfchiedenen ruffifchen Orden und unter diefen namentlich der St. Georgs-Saal, in welchem auf Marmortafeln mit Goldbuchftaben die Namen aller St. Georgs-Ritter, darunter auch der Name Sr. Majeftät des Kaifers FRANZ JOSEPH, verzeichnet find. Die Decorationen diefer Säle: des St. Andreas-, St. Alexander Newfky-, St. Georgs-, St. Katharinen-Ordens, find den Ordenswappen entnommen und die Heraldik eignet fich bekanntlich ganz vortrefflich zu decorativen Zwecken. Die Einrichtung der übrigen Prunkzimmer entfpricht der Pracht des ganzen Baues. Das Koftbarfte, was nur die moderne Kunftinduftrie gefchaffen, ift hier zu finden, Alles in modernem Gefchmacke, im Einklange mit dem ganzen Baue.

Die Galerie des Palaftes enthält Gemälde von *Raphael, Correggio, Guido Reni* etc. etc. und einige aus Warfchau hieher gebrachte Bilder mit Darftellungen aus der Gefchichte Polens.

Vor der Rüftkammer und dem Arfenale ift die reiche Kanonenbeute aus dem Feldzuge von 1812 in langen Reihen aufgefchichtet, im Ganzen 875 Stück. Unweit davon ftehen Denkmäler und Proben ruffifcher Gefchützgiefserei. Das Arfenal enthält eine Ausrüftung für mehr als 100.000 Mann.

Das Nikolai-Palais ift ein einfacher, nicht befonders grofser Bau. Unter den Gemälden, die es enthält, ftellen zwei Begebenheiten aus dem Leben der ruffifchen Patrioten *Minin* und *Pojarfk* dar. Der erftere war ein einflufsreicher Bürger aus Nowgorod, der andere ein moskowitifcher Fürft; beide haben 1612 die Polen vertrieben, die fich in den Thronwirren zur Zeit des falfchen Demetrius *Moskaus* bemächtigt hatten. *Pojarfki* hatte einen Hauptantheil an der Erhebung des Michael *Romanow* auf den verwaiften Czarenthron im Jahre 1613 und feinen Namen trägt gegenwärtig auch eine ruffifche Panzerfregatte.

ANKUNFT SEINER MAJESTÆT DES KAISERS
IN MOSKAU.

Montag, den 23. Februar, um 6 Uhr Abends traf Se. Majeſtät der KAISER mittelſt Extrazuges von *St. Petersburg* in *Moskau* ein. Auf dem Bahnhofe hatten ſich zum Empfange die Spitzen der Civil- und Militärbehörden der Stadt, das Stadthaupt Herr *Schuhmacher,* ſowie eine Deputation der öſterreichiſch-ungariſchen Staatsangehörigen mit dem Gerenten des k. und k. General-Conſulates, Herrn *Plancher* an der Spitze, eingefunden. Auf dem Perron war eine Ehrenwache vom Jekaterinoſlaw'ſchen Regimente mit Fahne und Muſikcorps aufgeſtellt.

Der Bahnhof war mit Fahnen geſchmückt und mit Lampions illuminirt. Bengaliſche Flammen ſignaliſirten die Ankunft des kaiſerlichen Zuges. Als Se. Majeſtät in ruſſiſcher Generaluniform in Begleitung Sr. kaiſerlichen Hoheit des Grofsfürſten WLADIMIR ALEXANDROWITSCH den Perron betrat, intonirte die Regimentskapelle das „Gott erhalte" und brauſende Hurrah-, Vivat- und Eljen-Rufe miſchten ſich mit der erhebenden Melodie. Se. Majeſtät der Kaiſer empfing den Frontrapport, ſchritt, von einem glänzenden Gefolge geleitet, die Front der Compagnie ab, richtete freundliche Worte an den Adelsmarſchall von *Moskau* Fürſten *Metſcherſky* und Herrn *Plancher* und begab ſich alsdann in die kaiſerlichen Wartezimmer, von wo aus ſofort die Fahrt in das Kreml-Palais angetreten wurde. Die Strafsen, durch welche ſich der Zug bewegte, wurden durch bengaliſches Feuer erleuchtet und die meiſten Häuſer waren illuminirt, wie denn *Moskau* zu Ehren des kaiſerlichen Gaſtes ſchon ſeit Samſtag ſein Feſtgewand angelegt hatte. Unter den Fahnen, welche die Häuſer ſchmückten, erblickte man viele öfterreichifche. Die Strafsen vom Nikolai-Bahnhofe bis zum *Kreml* waren von einer grofsen Menfchenmenge befetzt, welche Se. Majeftät überall mit lebhaften Zurufen begrüfste.

Bald nach dem Eintreffen Sr. Majeftät im Kreml-Palais fand ein Diner ftatt, zu welchem der Moskauer Generalgouverneur Fürft *Dolgorukow*, der Commandeur der Truppen des Moskaufchen Militärbezirkes und einige andere angefehene Perfonen geladen waren.

VIERUNDZWANZIGSTER FEBRUAR.

Dienstag den 24. Februar, um 9 Uhr Morgens, begann Se. Majeftät der KAISER mit dem Kreml-Palais die *Befichtigung der hiftorifchen Denkmäler Moskaus*. Begleitet war Se. Majeftät vom Grofsfürften WLADIMIR ALEXANDROWITSCH, dem Moskauer Generalgouverneur, einigen anderen hochgeftellten Perfonen und Seiner Suite. Die Waffen- und Rüftkammer wurde von Sr. Majeftät in allen Einzelnheiten in Augenfchein genommen; im Georgs-Saale erregten Seine Aufmerkfamkeit die Marmortafeln, auf denen die Namen der Georgs-Ritter verzeichnet ftehen. Die uspenfkifche (Himmelfahrts-), die blagowefchtfchenfkifche (Verkündigungs-) und die archangelfche (Erzengel-) Kirche im *Kreml* machten auf die Befucher Eindruck durch ihre altbyzantinifche Architektur, ihre originelle Malerei und ihre Reichthümer. Befonders intereffirte Se. Majeftät auch die bekannte Riefenglocke, fowie deren Entftehung und Gefchichte.

Gegen 11 Uhr befuchte Se. Majeftät die Synodalbibliothek und die Schatzkammer der Patriarchen und nahm die dafelbft befindlichen kirchlichen Denkmäler älterer Zeiten in Augenfchein.

Um 12 Uhr empfing Se. Majeftät im Palais die Moskauer Exponenten der Wiener Weltausftellung und darauf eine Deputation der öfterreichifch-ungarifchen Colonie in *Moskau*, welche Sr. Majeftät eine Adreffe und ein in Silber gefafstes Album mit Anfichten *Moskaus* überreichte. Die Adreffe wurde von dem Architekten *Weber* verlefen und lautete:

Euere Kaiferliche und Königliche Apoftolifche Majeftät!
Allergnädigfter Kaifer und Herr!

Die treugehorfamften Unterthanen Eurer Kaiferlichen und Königlichen Majeftät in der alten Czarenftadt begrüfsen mit Jubel ihren Allergnädigften Landesherrn im Centrum des grofsen Nachbarreiches als Gaft des mächtigen Monarchen, unter Allerhöchftdeffen weifer Regierung alle öfterreichifch-ungarifchen Staatsangehörigen den Schutz gerechter Gefetze geniefsen.

Geruhen Euere Majeftät die Huldigung Ihrer allergetreueften Unterthanen gnädigft entgegenzunehmen, welche, wenn auch räumlich von ihrem theueren Vaterlande getrennt, immerdar die Gefühle treuefter Hingebung und loyalfter Liebe für ihren ruhmvollen Kaifer und Herrn und das angeftammte Herrfcherhaus bewahren werden.

Mit ftolzem Bewufstfein fahen wir zu Anfang des verfloffenen Jahres unter Eurer Kaiferlichen und Königlichen Majeftät weifem Scepter ein Wunderwerk erftehen, bei welchem Öfterreich feine ruhmvolle Stellung im friedlichen Wettkampfe der Nationen zu behaupten wufste.

Mit aufrichtiger Begeifterung begrüfsten wir die neue Aera, welche Euere Kaiferliche und Königliche Majeftät dem theueren Vaterlande eröffneten, und in tieffter Pietät haben auch wir die Feier des 25jährigen Regierungsantrittes Eurer Kaiferlichen und Königlichen Majeftät mitbegangen, und unfere Gebete mit denen der Millionen in der Heimat vereinigt, um des Himmels reichften Segen auf das Haupt unferes allgeliebten Kaifers und Königs zu erflehen.

Gott fegne, fchütze und erhalte Se. Majeftät Kaifer und König FRANZ JOSEPH I.

Diefe Adreffe wurde Sr. Majeftät mit ungefähr 100 Unterfchriften überreicht. Die Öfterreicher wollten dadurch zugleich ihrem Monarchen ein würdiges Andenken an Seinen Befuch in Moskau darbieten und hatten defshalb für eine künftlerifche Ausftattung der Adreffe Sorge getragen. Diefelbe hat Grofsfolioformat und ift in rothen Sammt gebunden. Die Vorderfeite des

Deckels zeigt in der Mitte ein handgrofses ovales Silberfchild, in welches eine Anficht des *Kreml* gravirt ift, von gefchmackvollen Arabesken umgeben. Aus dem filbernen Fond treten die vergoldeten Gebäude plaftifch hervor. Die vier Ecken find mit entfprechenden Verzierungen gefchmückt, welche durch filbervergoldete Stäbe mit einander verbunden find. Ähnliche Verzierungen zeigt auch die Rückfeite des Deckels. Die Silberarbeiten find in dem Atelier von *Chlebnikow* angefertigt. Das erfte Blatt der Adreffe trägt an feiner Spitze den öfterreichifchen Reichsadler, darunter in bunter gothifcher Schrift den Text. Zur Seite desfelben ragt eine Frauengeftalt, die Auftria, empor, und am Fufse des Blattes erblickt man eine Gruppe, die Vertreter der verfchiedenen Nationalitäten des öfterreichifchen Kaiferftaates, welche der Repräfentantin ihres gemeinfamen Vaterlandes zujubeln. In erfter Reihe ftehen der Deutfche und der Ungar, fich eng umfchlungen haltend, hinter ihnen die Vertreter der übrigen Völker in ihren malerifchen Nationaltrachten. Auf den übrigen Blättern befinden fich die Unterfchriften der öfterreichifchen Staatsangehörigen. Das Titelblatt ift in Aquarell vom Herrn Architekten *Weber* gezeichnet. Se. Majeftät der Kaifer dankte der Deputation, und nachdem der Kaifer mit mehreren Herren gefprochen, verabfchiedete fich die Deputation mit einem dreifachen Hoch von ihrem Monarchen.

Zu dem darauf folgenden *Frühftück* im Palais waren der Moskauer Generalgouverneur und alle Perfonen geladen, welche Se. Majeftät bei dem Rundgange begleitet hatten. Sodann machte Se. Majeftät mit dem Grofsfürften WLADIMIR ALEXANDROWITSCH, dem Generalgouverneur und dem ganzen Gefolge eine Troikafahrt zur Erlöferkirche, dann über die Steinbrücke auf die gegenüber liegende Seite, wo Se. Majeftät die Ausficht auf den *Kreml* genofs.

Die bis zum Diner noch übrig bleibende Zeit wurde zu einer *Spazierfahrt* durch die Strafsen *Moskaus* benützt, bei welcher Se. Majeftät der Kaifer das Haus der Romanow's befuchte, die Mauern von Kitai-Gorod und den Sfucharew-Thurm in Augenfchein nahm. Auch befuchte Se. Majeftät die Magazine der

Juweliere *Chlebnikow*, *Tſchetſchelew* und *Owtſchinnikow*, in jedem einige Einkäufe machend. Längere Zeit verweilte der Kaiſer in dem Magazine *Owtſchinnikow* und beſichtigte die Ausſtellung der originellen Silber- und Goldgegenſtände. Se. Majeſtät kaufte ein Theeſervice von getriebener Arbeit in ruſſiſchem Stile, ein ſilbernes Modell der Glocke des Iwan Weliki und verſchiedene emaillirte Kelche und andere Gegenſtände.

Der kurze Aufenthalt Sr. Majeſtät des Kaiſers in der alten ruſſiſchen Hauptſtadt ſchloſs mit einem *Galadiner* bei dem Moskauer Generalgouverneur Fürſten *Dolgorukow*. Gegen halb 6 Uhr erſchien Se. Majeſtät der Kaiſer in Begleitung des Grofsfürſten WLADIMIR ALEXANDROWITSCH, und bald darauf nahm das Diner ſeinen Anfang, das für hundert Perſonen ſervirt war. Beim Betreten des Speiſeſaales führte der Monarch Frau *Durnowo*, die Gemalin des Gouverneurs. Die Pracht der Ausſtattung und die blendende Beleuchtung entſprachen vollkommen der feſtlichen Gelegenheit; das Orcheſter wurde von dem öſterreichiſchen Staatsangehörigen Herrn *Bauer* dirigirt. Die Illumination vor dem Hauſe unter ruſſiſchen und öſterreichiſchen Flaggen im Vereine mit preuſsiſch-deutſchen und engliſchen war glänzend und gelang Dank der Windſtille vollkommen. An dichtgedrängten Volksmaſſen auf dem Platze vor dem Hauſe des Generalgouverneurs fehlte es natürlich auch nicht.

Während des Diners erhob ſich der Wirth und brachte einen Toaſt auf die Geſundheit Ihrer Majeſtäten des Kaiſers FRANZ JOSEPH und der Kaiſerin ELISABETH aus, der mit ſchallenden Hurrah-Rufen aufgenommen wurde. Se Majeſtät erwiederte denſelben mit einem Toaſt auf Ihre Majeſtäten den Kaiſer und die Kaiſerin von Ruſsland. Die Toaſte wurden von der öſterreichiſchen und ruſſiſchen Volkshymne begleitet. Nach dem Diner verweilte. Se. Majeſtät noch über eine halbe Stunde im Hauſe des Generalgouverneurs. Nach dem Diner hatte Herr *Bauer* die Ehre, einen von ihm dem Beſuche des Kaiſers zu Ehren componirten Marſch auf der Zither vorzuſpielen.

Um halb 8 Uhr verliefs Se. Majeſtät der Kaiſer das Haus des Generalgouverneurs und begab Sich in Begleitung der Autoritäten der Stadt und des Gefolges direct zum Smolenfker Bahnhofe. Die illuminirten Häuser und bengalifchen Flammen erleuchteten den ganzen Weg bis zu demfelben und überall begrüfsten dichte Volksfchaaren Se. Majeftät den Kaifer mit freudigen Zurufen. Auf dem Perron des Bahnhofes verabfchiedete Sich Se. Majeftät von dem Grofsfürften WLADIMIR ALEXANDROWITSCH, dem Generalgouverneur und den übrigen Perfonen der Begleitung und um 8 Uhr fetzte fich der kaiferliche Zug in Bewegung.

FÜNFUNDZWANZIGSTER FEBRUAR.

Am 25. Februar wurde während der Reife Sr. Majeftät des KAISERS von *Moskau* nach *Warfchau* das Dejeuner in *Orfeka*, das Diner in *Minfk* eingenommen, wo Seitens der Autoritäten und Bewohner der Stadt dem Kaifer ein feftlicher Empfang bereitet wurde.

SECHSUNDZWANZIGSTER FEBRUAR.

Die Ankunft Sr. Majeſtät des KAISERS in *Warſchau* erfolgte am 26. Februar um 11 Uhr Vormittags. Im Bahnhofe war eine Ehrencompagnie mit Muſik aufgeſtellt, welch' letztere die öſterreichiſche Volkshymne ſpielte. Se. Majeſtät der Kaiſer wurde von einer groſsen Menſchenmenge mit lautem Zurufe begrüſst. Nach dem Dejeuner erfolgte um 1 Uhr 20 Minuten die Weiterreiſe nach Wien. Dieſelbe trug durch den Empfang, der Sr Majeſtät allenthalben zu Theil wurde, einen feſtlichen Charakter. Überall waren die Bahnhöfe geſchmückt und von einer jubelnden Menge beſetzt. In der vorigen Nacht waren der ganzen Bahn entlang auf kurze Diſtanzen Feuer angezündet.

Die Herren von der ruſſiſchen Suite verabſchiedeten ſich um 7 Uhr 35 Minuten Abends in *Granica*.

In *Oswiecim* wurde um 9 Uhr 27 Minuten das Souper eingenommen. Die Stadt war illuminirt und wurde zu Ehren der Anweſenheit Sr. Majeſtät ein Feuerwerk abgebrannt.

SIEBENUNDZWANZIGSTER FEBRUAR.

Seine Majeſtät der KAISER iſt am 27. Februar Morgens um halb 6 Uhr mit dem Separat-Hofzuge der Kaiſer Ferdinand-Nordbahn in *Wien* eingetroffen. Se. Majeſtät wurde im Hof-Warteſalon von Sr. kaiſerlichen Hoheit dem durchlauchtigſten Herrn Erzherzoge Kronprinzen RUDOLF in Begleitung Sr. Excellenz des Herrn Generalmajors v. *Latour*, Sr. Durchlaucht dem Herrn Miniſterpräſidenten Fürſten *Adolf Auerſperg*, Ihren Excellenzen dem Herrn Reichs-Kriegsminiſter Feldzeugmeiſter Freiherrn v. *Kuhn* und dem Herrn Reichs-Finanzminiſter Freiherrn v. *Holzgethan*, Ihren Excellenzen den Herren Miniſtern Freiherrn v. *Laſſer*, Dr. v. *Stremayr*, Dr. v. *Glaſer*, Dr. *Unger*, Ritter v. *Chlumecký*, Freiherrn v. *Pretis*, Dr. *Ziemiałkowſki*, Sr. Excellenz dem Herrn Miniſter am Allerhöchſten Hoflager Baron *Béla Wenckheim*, Ihren Excellenzen dem Herrn Statthalter Baron *Conrad*, Sectionschef Baron *Orczy* und dem Herrn Polizeipräſidenten *Marx* erwartet. Als der Zug in den Bahnhof einfuhr, flammten bengaliſche Feuer auf.

Seine kaiſerliche Hoheit der durchlauchtigſte Herr Erzherzog Kronprinz war an der Spitze der Sr. Majeſtät Harrenden auf den mit Teppichen belegten Perron herausgetreten.

Im Momente, als der Zug hielt, verliefs Se. Majeſtät das Coupé, umarmte auf das Herzlichſte den Kronprinzen und wendete Sich dann huldvollſt zu den anweſenden Miniſtern, deren ergebenſte Glückwünſche zur glücklichen Rückkehr in freudigſter Weiſe entgegennehmend. Hierauf erfolgte die Abfahrt in die k. k. Hofburg. Das vortreffliche Ausſehen des Monarchen machte auf das zahlreich verſammelte Publikum den erfreulichſten Eindruck und kennzeichnete wohl gleichwie den Geſundheitszuſtand des

Kaifers, fo auch die innere Befriedigung, welche Allerhöchftderfelbe von der Reife zurückgebracht.

Die zurückgelegte Reiferoute war folgende:

Wien—Granica .	51·2 Meilen,
Granica—Warfchau	41
Warfchau—Petersburg	148
Petersburg—Moskau	85
Moskau—Breft—Warfchau .	174·7
Warfchau—Granica	41
Granica—Wien	. 51·2 „
zufammen	592·1 Meilen.

PERSONEN-LISTE

DER ALLERHÖCHSTEN REISE

SEINER K. UND K. APOSTOLISCHEN MAJESTÄT DES KAISERS

NACH

ST. PETERSBURG UND MOSKAU.

SEINE MAJESTÄT DER KAISER.

2 Leibkammerdiener.   1 Kammerdiener.   4 Leibbüchfenfpanner.
2 Kammerhausknechte.

Seine Excellenz Generaladjutant Seiner Majeftät Feldmarfchall-Lieutenant Graf *Bellegarde*, Reife-Oberleiter.
1 Kammerdiener. 1 Ordonnanz.

General-Major Graf *Pejacfevich*, General-Infpector der Cavallerie.
1 Kammerdiener.

FLÜGELADJUTANTEN SEINER MAJESTÄT.

Major Fürft *Lobkowitz*.
1 Diener.

Major Graf v. *Grünne*.
1 Diener.

Major Freiherr v. *Löhneyfen*.
        1 Diener.
Major von *Nemethy*.
        1 Diener.
Major v. *Salis-Samaden*.
        1 Diener.
Rittmeifter Freiherr v. *Werfebe*.
        1 Diener.
Rittmeifter von *Keönczeöl*.
        1 Diener.

VON DER MILITÄR-KANZLEI SEINER MAJESTÄT.

Vorftand General-Major Ritter v. *Beck*.
        1 Diener.
Oberft Ritter v. *Kraus*.
        1 Diener.
Hauptmann *Bakalovich*.
        1 Diener.
Officiale *Tefarz* und *Halkiewicz*.
        2 Ordonnanzen.

VON DER CABINETS-KANZLEI SEINER MAJESTÄT.

Seine Excellenz Cabinets-Director geheimer Rath Freiherr v. *Braun*.
        1 Amtsdiener.
Cabinetsfecretär Regierungsrath Ritter *Hofmann* v. *Morathal*.
        1 Cabinetsbote.
Hoffecretär *Sawicki*.

Regierungsrath *Uhl*.

Hofcaffier *Schneer*, Reife-Rechnungsführer.
        1 Amtsdiener.

Hofarzt Dr. *Reifch*.
1 Diener.

Kammerfourier *Vukobrankovics de Vuko et Branko*, als Hof-Quartiermeifter.

Hof-Controlorsadjunct *Linger*.
1 Thürhüter.

Commandant der Leibgarde-Reiterescadron Oberftlieutenant Ritter v. *Brecska*.
1 Diener. 1 Wachtmeifter. 6 Leibgarde-Reiter.

VOM K. K. MINISTERIUM DES ÄUSSEREN.

Seine Excellenz der Minifter des Aeufseren und des kaiferlichen Haufes Graf *Andráffy*.
1 Kammerdiener.

Seine Excellenz Geheimer Rath Sectionschef Freiherr v. *Hofmann*.
1 Diener.

Hof- und Minifterialrath Ritter v. *Schwegel*.
1 Diener.

Sectionsrath v. *Vavrik*.
1 Diener.

Hoffecretär, Kämmerer v. *Okolicsányi*.